kartoffel kulinarisch

kartoffel kulinarisch

Paul Gayler

Fotografien von Gus Filgate

AUGUSTUS

meiner frau anita und meinen
verstorbenen müttern lilian und joyce

Die Deutsche Bibliothek – CIP Einheitsaufnahme
Ein Titelsatz für diese Publikation ist bei der Deutschen Bibliothek erhältlich.

Augustus Verlag, München

Übersetzung aus dem Englischen: Jens Bommel
Satz und Redaktion: bookwise GmbH, München
Umschlaggestaltung: H 3 A GmbH, München
Projektleitung: Caroline Colsman
Herstellung: Dagmar Guhl
Printed in Singapore
ISBN 3-8043-6129-3

INHALT

einleitung

Kaum ein Gemüse ruft so viele nostalgische Gefühle bei mir hervor wie die Kartoffel. Sie ist fest mit den Erinnerungen an meine Kindheit verbunden – Röstkartoffeln zum sonntäglichen Braten, Kartoffeln, die man in der Guy-Fawkes-Nacht ins Feuer warf, Bratwürste mit Kartoffelpüree unter der Woche und natürlich Fish and Chips am Freitag. Meine besondere Leidenschaft galt Kartoffelpüree mit Salatsauce, was ich noch heute gerne esse.

Als ich klein war, konnte ich mir eine Mahlzeit ohne Kartoffeln kaum vorstellen. Seitdem haben wir uns mit Begeisterung an Pasta und Reis versucht und erwarten längst nicht mehr jeden Tag Kartoffeln auf dem Speiseplan. Dennoch sind sie weiterhin eines der beliebtesten Gemüse, was auch nicht weiter verwunderlich ist. Kartoffeln sind erstaunlich vielseitig; sie eignen sich praktisch für jede Garmethode, wie Backen, Kochen, Dämpfen, Rösten und Frittieren. Man verwendet sie für Brote, Pasteten, Kuchen und Puddings. Es ist erfreulich, dass das Interesse an alt hergebrachten Kartoffelsorten in jüngster Zeit wieder steigt und es einige sehr interessante neue Sorten gibt. Vorbei sind die Zeiten, als der Gemüsehändler fragte: „Rote oder weiße, mein Lieber?" Heute haben wir die Wahl zwischen einer großen Anzahl verschiedenster Sorten. Dazu zählen die knorrigen Pink Fire Apple, gelbfleischige Yukon Gold und die tief lilafarbene All-Blue-Kartoffel. Wie alle guten Dinge, kann man die Kartoffel immer wieder neu erfinden. Sie verliert dabei niemals ihren eigentlichen Charakter. Ess-Trends kommen und gehen, aber ich bin mir ziemlich sicher, dass die gute alte Knolle niemals aus der Mode kommen wird.

eine kurze geschichte der kartoffel

Ohne die Kartoffel ist das Leben undenkbar: kein Püree, keine Pommes … Dabei übersieht man gerne, dass sie in Europa und Nordamerika noch gar nicht so lange vertreten ist. Heute zählt sie zu den kulinarischen Standards, aber vor noch nicht allzu langer Zeit war sie längst nicht überall verbreitet.

Kartoffeln werden in Peru seit mindestens 200 v. Chr. angebaut. Erst im 16. Jahrhundert brachten sie die spanischen Eroberer nach Europa, wo man sie zusammen mit Tomaten und Auberginen als Teufelswerk betrachtete. Man glaubte zudem, dass sie giftig seien, was nicht ganz überrascht, wenn man bedenkt, dass sie zur Familie der tödlichen Nachtschattengewächse zählen.

1589 führte Sir Walter Raleigh die Kartoffel in Irland ein, wo er Saatgut auf 40 Hektar Land ausbrachte, das ihm von Königin Elizabeth I. geschenkt worden war. Weder mochte er Kartoffeln, noch verstand er deren Bedeutung. So verfügte er alsbald die Einstellung des Anbaus. Erst Friedrich der Große erkannte ihren Wert als Nahrungsmittel. Er ließ Saatgut an die Bauern verteilen und unterwies sie im Anbau. Überdies drohte er, jedem Bauern, der sich widersetzte und die Auflagen nicht erfüllte, die Nase abschneiden zu lassen.

Es war vermutlich die große Anpassungsfähigkeit der Kartoffel – sie gedieh auf den unterschiedlichsten Böden und unter verschiedensten klimatischen Bedingungen –, die sie zu einer unverzichtbaren Nahrungsquelle besonders in Europa und Amerika werden ließ. Ihre herausragende Rolle für die Ernährung vieler Nationen wurde 1845 deutlich, als die Kartoffelblattlaus Europa heimsuchte und über Jahre hinweg ganze Ernten vernichtete.

1995 war die Kartoffel das erste Gemüse, das im Weltall angebaut wurde. Auch heute noch zählt sie in vielen Ländern der Welt zu den wichtigsten Grundnahrungsmitteln. Vorbei ist auch die Zeit, als sie das Nahrungsmittel der Armen war: Außergewöhnliche Sorten kommen heute zu Spitzenpreisen auf den Markt.

Die Rezepte in diesem Buch sind ein Beitrag zur vielseitigen Verwendbarkeit der Kartoffel. Sie spiegeln die große Zuneigung wider, die ihr weltweit entgegengebracht wird. Wenn es eine Botschaft gibt, dann diese: Probieren geht über Studieren und – essen Sie mehr Kartoffeln!

kartoffeln sind gesund

Entgegen der geläufigen Meinung steckt sehr viel Gutes in der Kartoffel. Sie machen nicht dick, es sei denn, man bereitet sie mit zu viel Butter, Sahne, Käse oder Öl zu. In Wasser gekochte Kartoffeln enthalten lediglich 87 Kilokalorien pro 100 Gramm. Auch beim Rösten oder Braten kann man den Gehalt an Fett, das die Kartoffeln absorbieren, sehr gering halten, indem man sie ausschließlich in sehr heißes Fett gibt.
Nachstehend einige Daten bezüglich des Nährstoffgehalts von Kartoffeln:

- Sie weisen einen hohen Gehalt an stärkehaltigen Kohlenhydraten auf und sind deshalb gute Energielieferanten (Fachleute empfehlen, mehr stärkehaltige Kohlenhydrate zu verzehren).
- Sie enthalten viel Kalium, was den negativen Folgen von Salz in unserer Nahrung entgegenwirkt.
- Sie enthalten relativ viel Vitamin C (etwa 10 Milligramm pro 100 Gramm gebackene Kartoffel). Den höchsten Vitamin-C-Gehalt weisen frisch geerntete Kartoffeln auf. Durch Lagerung, langes Wässern und Garen verringert sich der Vitaminanteil entsprechend.
- Sie enthalten Eisen und Vitamin B_1 (Thiamin) und B_2 (Riboflavin).
- Sie sind frei von Cholesterin und Fett und enthalten nur wenig Natrium.

Kartoffeln möglichst schonend garen

Die meisten Nährstoffe bleiben erhalten, wenn Sie Kartoffeln in ihrer Schale garen, da die meisten Vitamine und Mineralien dicht unter der Schale sitzen. Beim Backen von Ofenkartoffeln bleiben daher alle Nährstoffe erhalten. Kartoffeln in ihrer Schale zu kochen hat zwei große Vorteile: Nicht nur, dass die Vitamine nicht in die Garflüssigkeit übergehen, sondern die Kartofffeln behalten so auch besser ihre Form.

Bei einigen Rezepten in diesem Buch werden die Kartoffeln vor dem Garen geschält, während sie in anderen ungeschält bleiben. Dies ist eine Frage des persönlichen Geschmacks. Möchten Sie die Kartoffeln vor dem Kochen schälen, sollten Sie sie erst kurz vor dem Garen möglichst dünn abschälen. Zudem sollten Sie sie in wenig Wasser kochen und nach dem Kochen niemals in heißem Wasser stehen lassen.

Die Wahl der richtigen Sorte

Weltweit sind derzeit etwa 4.000 Kartoffelsorten erhältlich. Trotz der Tatsache, dass bei uns nur eine relativ kleine Auswahl angeboten wird, herrscht doch einige Unklarheit darüber, welche Kartoffel sich für welche Garmethode eignet.

Bis auf ein paar Ausnahmen, kann man Kartoffeln in drei Hauptkategorien unterteilen:

- Mehlig kochende Sorten enthalten viel Stärke und wenig Flüssigkeit. Während die Kartoffel reift, wandelt sich der Zucker in Stärke um. Sie kochen locker und eignen sich gut zum Rösten, Backen, Zerstampfen und Frittieren. Zum Kochen in Salzwasser eignen sie sich weniger, da sie aufspringen.
- Vorwiegend fest kochende Kartoffeln springen beim Kochen nur wenig auf, sind mäßig feucht und feinkörnig. Sie eignen sich besonders als Beilage zu saucenreichen Gerichten. Man verwendet sie aber auch als Pell- oder Bratkartoffeln sowie für Püree.
- Fest kochende Sorten enthalten weniger Stärke, dafür aber mehr Flüssigkeit. Ihr Fleisch ist fest und glänzend. Gekocht behalten sie ihre Form, was sie für Salate und andere Zubereitungen attraktiv macht, bei denen man sie im Ganzen servieren möchte. Sie eignen sich auch gut für Bratkartoffeln und Gratins.

Dies sind aber nicht die einzigen Qualitätsmerkmale. Man unterteilt Kartoffeln auch nach ihrem Alter:

- Neue Kartoffeln (Frühkartoffeln) werden früh im Jahr gepflanzt und sind somit bereits Ende Frühling, Anfang Sommer erhältlich. Neue Kartoffeln werden inzwischen auch während des Winters importiert. Einheimische Frühsorten schmecken jedoch in den meisten Fällen deutlich besser. Die meisten Frühsorten sind fest kochende Kartoffeln. Neue Kartoffeln sollte man zum Garen direkt in kochendes Wasser geben.
- Späte Sorten (Haupternte) sind meist mehlige Varianten, die in der Erde auswachsen und dann im Herbst geerntet werden. Im Gegensatz zu Neuen Kartoffeln kann man sie unter optimalen Bedingungen mehrere Monate einlagern. Späte Sorten stellt man besser in kaltem Wasser auf und bringt sie dann zum Kochen, da sie so während des Kochens weniger leicht aufspringen.

Nachstehend eine Tabelle mit den bekanntesten Sorten und deren Verwendung. Letztlich können Sie jede beliebige Sorte für ein Gericht nehmen, solange Sie berücksichtigen, dass das Endergebnis ein wenig anders ausfällt. Nimmt man z. B. für ein Püree eine fest kochende Sorte, wird das Püree ein wenig klebriger. Alle Sorten haben ihre Besonderheiten und „mit Kartoffeln kochen" bedeutet auch, dass man mit ihnen experimentiert und so herausfindet, welche Kartoffel man wie am liebsten mag.

Sorten und ihre Eigenschaften

Mehlig kochend	Dämpfen/ Kochen	Salate	Püree	Rösten	Braten	Frittieren	Backen
Irmgard	●						
Datura	●		●			●	●
Maritta			●	●	●	●	
Rote Kartoffeln	●		●	●			●
Ilona			●			●	●
Aula	●		●	●			
All-Blue	●	●	●	●			

Vorw. fest kochend	Dämpfen/ Kochen	Salate	Püree	Rösten	Braten	Frittieren	Backen
Gloria	●		●	●	●		
Hella	●		●		●	●	
Saskia	●		●				
Granola	●		●	●	●	●	
Ulla	●		●		●	●	
Jetta	●		●	●			

Fest kochend	Dämpfen/ Kochen	Salate	Püree	Rösten	Braten	Frittieren	Backen
Sieglinde	●	●		●	●	●	
Stella	●	●		●			
Bintje					●	●	
Nicola	●	●			●		
Selma	●	●			●		
Désirée			●	●		●	●
Jersey Royal	●	●			●		
Roseval	●	●					
Spunta	●					●	

Einkauf und Lagerung

Beim Kauf von Kartoffeln sollte man stets feste, frische Knollen mit einer glatten Schale ohne dunkle Stellen nehmen. Weiche, gummiartige Exemplare mit grünen oder schimmeligen Flecken, Löchern oder keimende Knollen sollte man vermeiden. Grüne Stellen entstehen durch Lichteinwirkung und sind ein Zeichen dafür, dass die Kartoffel zuviel Solanin enthält, eine giftige Substanz, die durch das Garen nicht abgebaut wird. Entdeckt man beim Schälen Knollen mit grünen Stellen, sollte man diese unbedingt aussortieren.

Kartoffeln kaufe ich meist lose bei meinem Gemüsehändler. Gewaschene Kartoffeln verderben schneller als ungewaschene, besonders wenn sie in Plastikfolie verpackt sind. Zwar sind solche Verpackungen, wie man sie aus dem Supermarkt kennt, sehr praktisch, doch sollte man die Kartoffeln dann innerhalb von wenigen Tagen verbrauchen. Zudem sind sie teurer als lose Ware. Beim Kauf von ungewaschenen Kartoffeln sollte man darauf achten, dass die an der Schale haftende Erde relativ frisch ist. Ist sie schmierig oder riecht sie unangenehm, sind die Kartoffeln meist nicht einwandfrei.

Bio-Kartoffeln sind frei von Pestiziden, die man häufig auf den Schalen von Kartoffeln aus konventionellem Anbau nachweisen kann. Sie sind vor allem eine gute Wahl, wenn man Kartoffeln in der Schale garen möchte. Meist ist auch ihr Geschmack deutlich besser. Im konventionellen Anbau wird häufig Wasser und Stickstoff zugesetzt, weil dies die Ernte vergrößert. Der Geschmack wird jedoch entsprechend „dünner".

Neue Kartoffeln halten nicht länger als ein paar Tage. Späte Sorten hingegen bleiben bei richtiger Lagerung bis zu sechs Monate haltbar. Dazu benötigt man einen dunklen, kühlen, gut belüfteten Ort bei etwa 7 °C. Unterhalb dieser Temperatur, z. B. im Kühlschrank, wandelt sich die Stärke in Zucker um, was dem Geschmack abträglich ist. Kauft man in Plastik verpackte Kartoffeln, sollte man sie vor dem Einlagern in braune Papiertüten umfüllen. So lässt sich verhindern, dass sie feucht werden und zu schimmeln beginnen.

Erstaunlicherweise bekommen Kartoffeln leicht Druckstellen, also sollte man sie während der Lagerung möglichst wenig bewegen. Die Druckstellen werden beim Garen schwarz.

Um die Nährstoffe zu erhalten, sollte man Kartoffeln erst kurz vor dem Garen schälen. Muss man sie umständehalber doch einige Stunden im Voraus schälen, bedeckt man sie vollständig mit kaltem, leicht gesalzenem Wasser, damit sie nicht fermentieren und schwarz werden.

Zu den Rezepten

- Alle Rezepte sind, wenn nicht anders angegeben, für vier Personen berechnet.
- Die zuerst genannte Backofentemperatur entspricht der üblichen Standardeinstellung von Backöfen, also Ober- und Unterhitze. Es folgt die Temperaturangabe für Umluft (in der Regel 20 °C weniger) und die Einstellung der entsprechenden Stufe bei Gasherden.
- Wenn nicht anders angegeben, nimmt man mittelgroße Eier (60 bis 65 Gramm) und frische Kräuter.

NÜTZLICHES ZUBEHÖR

Obgleich man für die Zubereitung von Kartoffeln keine besonderen Gerätschaften benötigt, seien hier ein paar nützliche Helfer genannt. Richtig angewendet kann man mit ihnen eine Menge Zeit sparen. Es empfiehlt sich, Geräte und Zubehör stets von sehr guter Qualität zu kaufen. So hat man länger Freude daran.

Fritteuse

Natürlich kann man Kartoffeln auch in einem normalen Topf frittieren. Fritteusen sind jedoch sicherer und sauberer. Die Temperatur wird mit einem Thermostat kontrolliert und man kann während des Frittierens den Deckel schließen.

Bratpfannen

Man nimmt sie für Bratkartoffeln, Omeletts und Crêpes. Pfannen mit schwerem Boden aus rostfreiem Edelstahl sind am besten, weil sie die Hitze konstant halten und gleichmäßig verteilen. Haben sie feuerfeste Griffe, kann man das Gargut vom Herd direkt in den Ofen schieben.

Reibe

Eine Reibe braucht man für Rösti, Klöße, Kartoffelteige und viele weitere Speisen. Am besten sind Vierkantreiben. Sie besitzen feine und grobe Reibflächen und sind angenehm im Gebrauch. Küchenmaschinen haben auch Reibaufsätze.

Gratinformen

Diese flachen Backformen besitzen niedrige Ränder, wodurch die Zutaten im Ofen leicht bräunen können. Dank ihrer großen Oberfläche entstehen wunderbar krosse, knusprige Krusten. Gute Gratinformen kann man auch auf dem Herd erhitzen.

Messer

Gute, scharfe Messer sind in der Küche unverzichtbar. Ein großes, festes Küchenmesser eignet sich zum Hacken oder Schneiden von Kartoffeln am besten. Die Klinge sollte man mindestens einmal die Woche an einem Küchenstahl abziehen. So bleiben die Messer stets scharf.

Küchenmandoline

Eine Küchenmandoline mit verstellbarer Klinge ist zwar eine teure Anschaffung, bietet aber eine sehr effiziente Methode, Kartoffeln in Scheiben oder Stifte, z. B. für Streichholzkartoffeln oder Pommes frites, zu schneiden.

Kartoffelstampfer

Kartoffelstampfer sind die günstigere Variante zum Stampfen von gekochten, heißen Kartoffeln. Sie besitzen eine perforierte Metallscheibe am Ende eines Griffs mit einem sich gabelnden Stiel. Man nimmt sie auch zum Zerdrücken von Wurzelgemüsen.

Kartoffelschäler

Es gibt viele sehr unterschiedliche Schäler. Wichtig ist, dass er eine dünne Klinge besitzt, damit die Schale möglichst dünn abgeschält wird. Sehr gut sind auch U-förmige Spargelschäler. Sie besitzen eine schwingende doppelseitige Klinge und liegen angenehm in der Hand.

Kartoffelpresse oder -sieb

Mit einer Kartoffelpresse lassen sich heiße gekochte Kartoffeln wunderbar fein durchdrücken. Dasselbe erreicht man auch mit einem Trommelsieb und einer Teigkarte, nur benötigt man dafür mehr Zeit. Man kann die Kartoffeln auch mit einem Holzlöffel durch ein bauchiges Passiersieb drücken.

In der Küchenmaschine sollte man Kartoffeln besser nicht pürieren, denn dadurch wird das Püree zäh und klebrig. Nur Süßkartoffeln lassen sich auf diese Art gut zerkleinern.

Reinen oder Bräter

Schwere Reinen aus rostfreiem Stahl, Aluminium oder Gusseisen kann man auf dem Herd benutzen und anschließend in den Ofen schieben.

WAS GIBT ES Wohltuenderes als eine Kartoffelsuppe? Sie ist nahrhaft und sättigend und lässt sich im Nu zubereiten, wie die Weiße-Bohnen-Kartoffelsuppe auf Seite 19. Aber auch mit bodenständigen und extravaganten Elementen lässt sie sich ausgezeichnet kombinieren, wie die Geeiste Kartoffel-Kressesuppe mit Kaviar-Chantilly (Seite 19) beweist. Auch Kartoffelsalat kann man mal einfach, mal raffiniert zubereiten. Er ist fester Bestandteil fast aller Küchen: Versuchen Sie den pikanten Aloo chat aus Indien (Seite 42), den provençalischen Salade niçoise mit gegrillten Kartoffeln und Fenchel (Seite 41) oder den marokkanischen Süßkartoffelsalat mit Koriander (Seite 33). Für Kartoffelsalate wählt man fest kochende Sorten, da sie beim Garen nicht so leicht zerfallen.

Wer glaubt, Kartoffeln eigneten sich im Grunde nicht als Vorspeise, liegt falsch. Es kommt nur darauf an, wie man sie verwendet und mit welchen Zutaten man sie kombiniert: Kartoffel-Fettunta mit Gorgonzolacreme und knusprigem Speck (Seite 27) ist ein einfaches, aber sehr elegantes Canapé und bei der peruanischen Causa (Seite 23) verleiht eine feurige Salsa geschichteten purpurfarbenen und safrangelben Kartoffeln eine sehr pikante Note.

Suppen, Vorspeisen und Salate

Kartoffelsuppe mit Speck und Brennnesseln

Tipp

BRENNNESSELN WACHSEN FAST ÜBERALL und passen besonders gut zu dieser nahrhaften Suppe. Man pflückt die jungen und zarten Spitzen mit Gummihandschuhen. Gut waschen und keine Sorge: Sobald sie gegart sind, brennen sie nicht mehr.

50 Gramm Butter in einem Topf mit schwerem Boden zerlassen. Zwiebel und Lauch 8 bis 10 Minuten darin weich dünsten. Kartoffeln hinzufügen und 5 Minuten garen. Brühe dazugießen und zum Kochen bringen. Die Hitze reduzieren und die Suppe 25 bis 30 Minuten kochen lassen. Inzwischen die Brennnesseln in reichlich kochendem Wasser blanchieren, abtropfen lassen und überschüssiges Wasser auspressen.

Die Hälfte der Suppe in einem Mixer pürieren. Das Püree in einen sauberen Topf umfüllen. Sahne, Brennnesseln, übrige Suppe und Muskat hinzufügen, salzen und pfeffern und die Suppe aufkochen. Inzwischen die restliche Butter in einer Pfanne erhitzen. Speck- und Brotwürfel dazugeben und goldbraun braten. Die Suppe auf Suppentassen verteilen, Speck- und Brotcroûtons darüber streuen und servieren.

75 g Butter
1 Zwiebel, gewürfelt
1 Stange Lauch, fein geschnitten
600 g fest kochende Kartoffeln, geschält und in 1cm dicke Würfel geschnitten
750 ml kräftige Geflügelbrühe
100 g Brennnesseln
300 g Sahne
Frisch geriebene Muskatnuss
75 g geräucherter Speck, fein gewürfelt
2 Scheiben Toastbrot, entrindet und in 1cm dicke Würfel geschnitten
Salz und frisch gemahlener schwarzer Pfeffer

Tattie Hushie (Kartoffel-Blumenkohlsuppe mit Hafermehl)

Eine reichhaltige und schmackhafte Suppe aus England, bei der man das Hafermehl auch durch Dinkel- oder Weizenmehl ersetzen kann.

Die Butter in einem Topf erhitzen. Lauch und Blumenkohl dazugeben und einige Minuten garen. Die Kartoffeln hinzufügen und zugedeckt 10 Minuten dünsten. Milch mit Hafermehl verrühren und zum Gemüse geben. Die Brühe zugießen, die Suppe zum Kochen bringen und kochen lassen, bis das Gemüse weich ist. Die Suppe in einem Mixer pürieren, unter häufigem Rühren erneut erhitzen und mit Salz und Pfeffer abschmecken.

25 g Butter
1 Stange Lauch, geschnitten
200 g Blumenkohl, in kleine Röschen geteilt
550 g mehlige Kartoffeln, gewürfelt
600 ml Milch
50 g Hafermehl
600 ml kräftige Geflügelbrühe
Salz und frisch gemahlener schwarzer Pfeffer

Süsskartoffelsuppe mit Fourme d'Ambert und Chipotle-Chillies

Milde, würzige und pikante Aromen unterstreichen den fantastischen Eigengeschmack dieses delikaten Gemüses.

2 Chipotle-Chillies (oder Jalapeños)
25 g Butter
1 Zwiebel, gehackt
1 Möhre, in kleine Stücke geschnitten
1 Stange Staudensellerie, in kleine Stücke geschnitten
2 Salbeiblätter, gehackt
450 g Süßkartoffeln, geschält und in kleine Stücke geschnitten
200 g Kartoffeln, geschält und in kleine Stücke geschnitten
1 l kräftige Geflügelbrühe
Frisch geriebene Muskatnuss
75 g Fourme d'Ambert (oder ein anderer milder Blauschimmelkäse)
100 g Sahne
2 TL gehacktes Korianderkraut
Salz und frisch gemahlener schwarzer Pfeffer

Die Chillies längs halbieren und die Samen entfernen. In eine Schüssel legen, mit kochend heißem Wasser bedecken und 30 Minuten einweichen. Abtropfen lassen und klein hacken. Die Butter erhitzen, Zwiebel, Möhre, Sellerie und Salbei dazugeben und bei geringer Hitze 4 bis 5 Minuten andünsten. Süßkartoffeln, Kartoffeln und Chillies hinzufügen und das Gemüse weitere 5 Minuten dünsten. Die Geflügelbrühe angießen und zum Kochen bringen. Die Hitze reduzieren und die Suppe 40 bis 45 Minuten kochen lassen, bis das Gemüse sehr weich ist. Die Suppe in einen Mixer umfüllen und pürieren, bis sie eine glatte, sämige Konsistenz erreicht. Die Süßkartoffelsuppe erneut aufkochen, mit Muskat würzen und mit Salz und Pfeffer abschmecken.

Käse und Sahne in einen kleinen Topf füllen und bei geringer Hitze glatt rühren. Die Suppe in Suppentassen verteilen, die Käsecreme darüber gießen und leicht verrühren. Mit Koriander bestreuen und servieren.

Cullen skink (Kartoffelsuppe mit Haddock)

Cullen skink kann man auf vielerlei Art zubereiten und wahrscheinlich habe ich sie inzwischen alle einmal ausprobiert. Diese tradtionelle schottische Suppe kann eine klare Brühe sein oder aber gebunden, wie die nachstehende Variante. Wenn ich an Haddock denke, fallen mir immer pochierte Eier ein. Auch in diesem Rezept harmoniert beides vortrefflich miteinander.

450 g geräucherter Schellfisch (Haddock) mit Gräten und Haut
600 ml Milch
2 Zwiebeln, in Ringe geschnitten
1 Stück Macisblüte
600 ml Wasser
75g Butter
4 mittelgroße Kartoffeln, geschält und gewürfelt
Frisch geriebene Muskatnuss
4 Eier
2 TL gehackte Petersilie
Salz und frisch gemahlener schwarzer Pfeffer

Den Haddock mit der Milch in einen Topf geben. Die Hälfte der Zwiebeln und die Macisblüte hinzufügen. Zum Kochen bringen und das Wasser zugießen. Erneut aufkochen und den Fisch in 4 bis 5 Minuten bei geringer Hitze gar ziehen lassen. Den Fisch mit einem Schaumlöffel herausnehmen und in einer Schüssel abkühlen lassen. Die Garflüssigkeit durch ein Sieb abgießen und beiseite stellen. Den Fisch häuten und entgräten und das Fleisch zerpflücken.

Die Butter in einem großen Topf zerlassen. Die verbliebenen Zwiebeln hinzufügen und glasig dünsten. Kartoffeln dazugeben und 5 Minuten garen. Die übrige Garflüssigkeit zugießen und die Kartoffeln weich kochen. Die Suppe in einem Mixer pürieren und in einen sauberen Topf umfüllen. Mit Muskat, Salz und Pfeffer würzen, den zerpflückten Fisch untermengen und die Suppe warm stellen. Die Eier auf klassische Art (siehe Seite 104) pochieren, aus dem Topf nehmen und gut abtropfen lassen. Die Suppe auf Suppentassen verteilen, je ein pochiertes Ei in die Mitte setzen und mit Petersilie bestreuen.

tipp

IST KEIN GERÄUCHERTER HADDOCK erhältlich, kann man ihn durch andere Räucherfischsorten wie Aal, Seeaal (Dornhai) oder Schillerlocken ersetzen, wobei dann das Garen des Räucherfisches in Milch entfällt.

Geeiste Kartoffel-Kressesuppe mit Kaviar-Chantilly

geeiste kartoffel-kressesuppe mit kaviar-chantilly

Die Blätter von einem Bund Kresse pflücken und beiseite legen. Das zweite Bund und die Stiele kurz blanchieren, abtropfen lassen, in kaltem Wasser abschrecken und erneut abtropfen lassen. Fein hacken.

Butter in einem Topf erhitzen. Zwiebel, Lauch und Kartoffeln dazugeben und bei milder Hitze weich dünsten. Geflügelbrühe zugießen, gehackte Brunnenkresse hinzufügen und zum Kochen bringen. 20 bis 25 Minuten kochen lassen, bis die Kartoffeln auseinander fallen. Die Suppe in einen Mixer umfüllen und glatt pürieren. Abkühlen lassen und die Sahne unterrühren. Abschmecken und gründlich durchkühlen lassen.

Die Suppe auf Suppentassen verteilen und mit den übrigen Kresseblättern garnieren. Einen Klacks geschlagene Sahne in die Mitte geben und etwas Kaviar darauf setzen.

2 Bund Brunnenkresse
50 g Butter
1 Zwiebel, gehackt
2 Stangen Lauch, nur das Weiße, gehackt
450 g mehlige Kartoffeln, geschält und gewürfelt
1 l Geflügelbrühe
120 g Sahne
Salz und frisch gemahlener schwarzer Pfeffer

Für die Kaviar-Chantilly:
100 g Sahne, halb steif geschlagen
20 g Kaviar

fagioli bianchi e patate (weiße-bohnen-kartoffelsuppe)

Die Bohnenkerne abtropfen lassen, in einen großen Topf umfüllen und mit frischem Wasser bedecken. Die Kräuter hinzufügen und zum Kochen bringen. 1 Stunde kochen lassen. Die Kartoffeln und den Knoblauch hinzufügen und weitere 30 Minuten garen, bis die Bohnen und Kartoffeln weich sind. In einem Mixer glatt pürieren und in einen sauberen Topf umfüllen. Abschmecken und warm stellen. Ist die Suppe zu dick, können Sie sie mit etwas Wasser oder Brühe verlängern.

Die Hälfte des Öls in einer Pfanne erhitzen. Brotwürfel hineingeben und goldbraun rösten. Auf Küchenkrepp abtropfen lassen und mit dem Paprikapulver bestreuen. Die Suppe auf Suppentassen verteilen und mit den Paprikacroûtons bestreuen. Das übrige Olivenöl über die Suppe träufeln und servieren.

250 g getrocknete Cannellini-Bohnenkerne, über Nacht in kaltem Wasser eingeweicht
6 Salbeiblätter
1 Zweig Rosmarin
250 g mehlige Kartoffeln, geschält und in kleine Würfel geschnitten
4 Knoblauchzehen, zerstoßen
6 TL natives Olivenöl
2 Scheiben Mischbrot, in 1 cm dicke Würfel geschnitten
1 TL edelsüßes Paprikapulver
Salz und frisch gemahlener schwarzer Pfeffer

Süsskartoffel-Bisque mit Avocado-Limetten-Salsa

Den Backofen auf 200 °C (Umluft 180 °C, Gas Stufe 3–4) vorheizen. Die Süßkartoffeln auf einem Backblech verteilen, 4 Esslöffel Olivenöl darüber träufeln und 40 Minuten backen. Dabei nicht zu sehr bräunen.

Das restliche Öl in einem großen Topf erhitzen. Zwiebel, Knoblauch und Ingwer dazugeben und 5 Minuten andünsten. Die gebratene Süßkartoffeln, Chili und Zimt hinzufügen, salzen und pfeffern. Die Brühe dazugießen. Zum Kochen bringen, die Hitze reduzieren und 15 Minuten kochen lassen. Die Suppe in einen Mixer umfüllen und glatt pürieren. In eine große Schüssel umgießen, Sahne, Ahornsirup und Limettensaft unterrühren und die Suppe im Kühlschrank durchkühlen lassen.

Für die Salsa die Avocadowürfel in eine Schüssel geben, die restlichen Zutaten untermischen und abschmecken.

Die Suppe auf kalt gestellte Suppentassen verteilen und etwas Avocado-Limetten-Salsa in die Mitte geben.

650 g Süßkartoffeln, geschält und in große Stücke geschnitten
6 EL Olivenöl
1 Zwiebel, fein gehackt
1 Knoblauchzehe, zerstoßen
5 cm frische Ingwerwurzel, gerieben
1 kleine rote Chilischote, die Samen entfernt und fein geschnitten
1/2 TL Zimtpulver
750 ml frische Gemüse- oder Geflügelbrühe
120 g Sahne
2 EL Ahornsirup
Saft von 2 Limetten
Salz und frisch gemahlener schwarzer Pfeffer

Für die Salsa:
1 Avocado, geschält, entsteint und in kleine Würfel geschnitten
2 Eiertomaten, enthäutet, die Samen entfernt und gehackt
4 EL Limettensaft
2 Frühlingszwiebeln, gehackt
1 kleine rote Chilischote, die Samen entfernt und gehackt
1 EL grob gehacktes Korianderkraut
3 EL Olivenöl

potage parmentier (kartoffel-lauchsuppe)

Eine gute Suppe muss nicht teuer sein und kann als Vorspeise, Zwischenmahlzeit oder Hauptgang gereicht werden. Diese Suppe lässt sich einfach zubereiten und ist die Basis für viele weitere Varianten (siehe unten). Kalt serviert wird sie zur klassischen Vichyssoise.

25 g Butter

1/2 Zwiebel, geschnitten

2 große Stangen Lauch, nur das Weiße, geschnitten

1 l kräftige Geflügelbrühe

350 g mehlige Kartoffeln, geschält und gehackt

120 g Sahne

1 EL Schnittlauch, fein geschnitten

Salz und frisch gemahlener schwarzer Pfeffer

Die Butter in einem Topf erhitzen. Zwiebel und Lauch zugeben und zugedeckt weich dünsten, ohne dass das Gemüse dabei Farbe nimmt. Die Brühe zugießen und zum Kochen bringen. Die Kartoffeln zugeben und in 25 bis 30 Minuten weich kochen. Die Suppe in einen Mixer umfüllen und glatt pürieren. Wieder in den Topf füllen, erneut zum Kochen bringen, die Sahne unterrühren und mit Salz und Pfeffer abschmecken. Mit dem Schnittlauch bestreuen und sofort servieren.

varianten

- *75 Gramm fein gehackte Kräuter mit der Sahne unterrühren und die Suppe kalt servieren.*
- *200 Gramm blanchierten Spinat mit der Zwiebel und dem Lauch zugeben.*
- *Den Lauch durch Sellerie ersetzen.*

causa

tipp

IN PERU wird Causa meist in Tassen geschichtet, was eine gute Alternative darstellt, wenn Sie keine Metallringe zur Hand haben.

Dieses kalte Kartoffelgericht stammt aus Peru und wird allerorts anders zubereitet. Am liebsten mag ich Causa geschichtet aus Förmchen. So kommen die kontrastierenden Farben besonders schön zur Geltung.

Für 6 bis 8 Personen

350 g All-Blue-Kartoffeln (schwarze Kartoffeln), ersatzweise Rote Désirée
350 g Neue Kartoffeln
1 große Msp. Safranfäden
75 g Butter
6 EL Olivenöl
175 g Thunfisch in Olivenöl aus der Dose, abgetropft
4 EL Salatmayonnaise
Salz und frisch gemahlener schwarzer Pfeffer

Für das Dressing:
2 EL Pflanzenöl
1 Knoblauchzehe, zerstoßen
4 Frühlingszwiebeln, fein gehackt
1 Habanero-Chili, die Samen entfernt und fein gehackt
2 Eiertomaten, in kleine Würfel geschnitten
2 Anschovisfilets, fein gehackt
Saft und fein geriebene Schale von 1 Limette
1 EL gehacktes Korianderkraut
1 EL Honig
1 TL kleine Kapern, gewässert und abgetropft
1 Msp. gemahlener Kreuzkümmel (Kumin)

Die schwarzen Kartoffeln in einen großen Topf geben, mit Wasser bedecken, salzen und weich kochen. Die Kartoffeln abtropfen lassen und schälen. Die Neuen Kartoffeln schälen und mit dem Safran in einen weiteren Topf geben. Mit kochend heißem Wasser bedecken, salzen und weich kochen. Gut abtropfen lassen. Schwarze und Neue Kartoffeln getrennt durch eine Kartoffelpresse drücken. Die Butter und das Olivenöl je zur Hälfte unter jedes Püree rühren und beide Pürees mit Salz und Pfeffer abschmecken. Den Thunfisch mit der Mayonnaise mischen und abschmecken.

Sechs bis acht Metallringe (Ø ca. 10 cm) an der Innenseite leicht fetten und mittig auf große Teller platzieren. Eine dünne Schicht Püree von schwarzen Kartoffeln gleichmäßig in jeden Ring verteilen, darauf eine Schicht Thunfisch setzen und eine dünne Lage Safrankartoffelpüree darüber schichten. Diesen Vorgang wiederholen und mit einer Schicht Thunfisch, die mit einem Palettenmesser oder einem Löffel gleichmäßig verteilt wird, abschließen. 2 bis 3 Stunden in den Kühlschrank stellen, bis die Causa fest ist. Inzwischen alle Zutaten für das Dressing miteinander vermischen, abschmecken und 1 Stunde durchziehen lassen.

Vor dem Servieren mit einem Messer an der Innenseite der Ringe entlang fahren und die Ringe behutsam abnehmen. Das Dressing um jede Kartoffel-Causa gießen und servieren.

Gegrillter Kalmar mit Chili-Kartoffeln und Schalotten

- 250 g Salatkartoffeln
- 1 EL grobes Salz
- 150 ml Weißweinessig
- 3 EL Zucker
- 1/2 TL getrocknete rote Chiliflocken
- 2 kleine Schalotten, in Ringe geschnitten
- 1 Knoblauchzehe, zerstoßen
- 1 TL gehackte Minze
- 1 TL gehacktes Korianderkraut
- 6 EL Olivenöl
- 450 g frischer Kalmar, geputzt, die Tentakel beiseite gelegt
- Salz und frisch gemahlener schwarzer Pfeffer

Die ungeschälten Kartoffeln in 1 cm dicke Scheiben schneiden und auf ein Backblech legen. Mit dem groben Salz bestreuen und die Kartoffelscheiben 1 Stunde stehen lassen, damit sie Wasser ziehen. Das Salz von den Kartoffeln waschen und die Scheiben mit einem Küchentuch abtupfen. Wasser in einem großen Topf zum Kochen bringen und die Kartoffelscheiben 5 Minuten kochen. Herausnehmen und gut abtropfen lassen.

Essig, Zucker und Chiliflocken in einen kleinen Topf füllen und langsam zum Kochen bringen. In eine Schüssel umfüllen und abkühlen lassen. Kartoffelscheiben, Schalotten, Knoblauch, Kräuter und 4 Esslöffel des Olivenöls hinzufügen. Mit Salz und Pfeffer abschmecken und 30 Minuten bei Zimmertemperatur stehen lassen.

Die Kalmarkörper längs aufschneiden und ausbreiten. Mit einem scharfen Messer die Innenseite der Kalmarstücke im Abstand von 1 cm parallel über Kreuz einritzen.

Die Kalmarstücke mit dem übrigen Olivenöl anmachen, salzen und pfeffern und mit der eingeritzten Seite nach unten in eine heiße Grillpfanne oder auf einen vorgeheizten Grill legen. 1 bis 2 Minuten grillen, wenden und kurz weiter grillen. Noch heiß zu den marinierten Kartoffeln geben und weitere 30 Minuten stehen lassen, damit sich die Aromen entfalten können. Mit viel knusprigem Brot servieren.

patatas tatas

Neulich besuchte ich mit befreundeten Köchen Barcelona und testete die bekanntesten Restaurants der Stadt. Zwischen den Mahlzeiten besuchten wir einige legendäre Tapas-Bars, in denen einfache, schmackhafte Vorspeisen gereicht werden. Hier ein Rezept aus einer dieser Bars.

1 kg fest kochende Neue Kartoffeln
25 g Butter
1 Zwiebel, fein gehackt
1 Knoblauchzehe, zerstoßen
1/2 TL Rosenpaprika
4 Eiertomaten, enthäutet, die Samen entfernt und grob in große Stücke gehackt
150 g Sahne
150 g Manchego-Käse, gerieben
Salz und frisch gemahlener schwarzer Pfeffer

Die Kartoffeln in der Schale weich kochen, abtropfen und vor dem Schälen etwas abkühlen lassen. In dicke Scheiben schneiden und beiseite legen.

Die Butter in einem Topf erhitzen und Zwiebel, Knoblauch und Paprika darin glasig dünsten. Tomaten hinzufügen, in 2 bis 3 Minuten weich kochen und mit Salz und Pfeffer würzen. Sahne dazugießen und zum Kochen bringen. 2 Minuten kochen lassen und vom Herd nehmen. Käse hinzufügen und glatt rühren. Kartoffeln in eine Servierschüssel geben , die Käse-Tomatensauce darüber gießen und servieren.

zypriotische kartoffeln mit aufgeplatzten koriandersamen

Eigentlich kein richtiger Salat, könnte man einwenden, aber ich reiche ihn dennoch gerne als solchen. Die Koriandersamen schwenkt man zuvor kurz in einer heißen Pfanne ohne Fett, bis sie zu platzen beginnen .

4 EL Olivenöl
450 g Neue Kartoffeln, ungeschält und halbiert
120 ml trockener Weißwein
2 EL Koriandersamen, leicht aufgeplatzt
Salz und frisch gemahlener schwarzer Pfeffer

Den Backofen auf 200 °C (Umluft 180 °C, Gas Stufe 3–4) vorheizen. Das Olivenöl in einer feuerfesten Kasserolle erhitzen, die Kartoffeln hinzufügen und goldbraun braten. Leicht salzen und pfeffern, in den Ofen schieben und in 15 bis 20 Minuten garen. Die Kasserolle aus dem Ofen nehmen und auf den Herd stellen. Bei mittlerer Hitze den Wein angießen. Die Koriandersamen darüber streuen, die Kasserolle mit einem dicht schließenden Deckel verschließen und alles 5 bis 8 Minuten dämpfen, bis die Flüssigkeit verdampft ist. Den Deckel abnehmen, alles abschmecken und servieren.

Kartoffel-Fettunta mit Gorgonzolacreme und knusprigem Speck

Fettunta erinnert an Crostini oder Bruschetta – knusprige Brotscheiben, die mit verschiedensten Zutaten belegt werden. Bei diesem Rezept werden statt Brot gebackene Kartoffelscheiben verwendet. Ein ideales Canapé oder Appetithäppchen.

5 fest kochende Kartoffeln
4 EL Olivenöl
10 Scheiben durchwachsener Speck, die Schwarte entfernt
2 Frühlingszwiebeln, fein geschnitten
125 g Gorgonzola
1 EL Walnussöl
Salz und frisch gemahlener schwarzer Pfeffer

Den Backofen auf 200 °C (Umluft 180 °C, Gas Stufe 3–4) vorheizen. Die Kartoffeln ungeschält längs in 1 cm dicke Scheiben schneiden. In gesalzenem Wasser 2 bis 3 Minuten kochen. Gut abtropfen lassen und mit Küchenkrepp trockentupfen. Die Kartoffelscheiben auf ein Backblech legen und von beiden Seiten mit Olivenöl bestreichen, salzen und pfeffern. In 15 bis 20 Minuten braun backen.

Inzwischen die Speckscheiben knusprig braten, in größere Stücke brechen und beiseite stellen. Die Frühlingszwiebeln und den Gorgonzola in eine Schüssel geben und den Käse mit einer Gabel gleichmäßig zerdrücken. Das Walnussöl untermischen und den Aufstrich mit Salz und Pfeffer abschmecken.

Die warmen Kartoffelscheiben mit der Gorgonzolacreme bestreichen, mit den Speckstücken garnieren und sofort servieren.

Gefüllte Quesadillas mit schwarzen Kartoffeln, Krabbenfleisch und Chorizo

Eine großartige Mahlzeit und extravagante Vorspeise, wenn man auf der Suche nach etwas Außergewöhnlichem ist.

300 g All-blue-Kartoffeln (schwarze Kartoffeln), ersatzweise Rote Désirée
25 g Butter
1 Zwiebel, fein gehackt
1 grüne Chilischote, die Samen entfernt und fein gehackt
2 Knoblauchzehen, zerstoßen
6 EL Frischkäse
250 g frisch gegartes Krabbenfleisch von etwa 3 mittelgroßen Taschenkrebsen
2 EL gehacktes Korianderkraut
50 g reifer Cheddarkäse, gerieben
75 g Chorizowurst, die Pelle entfernt und in 5 mm dicke Würfel geschnitten
8 x 15 cm große Weizentortillas
Salz und frisch gemahlener schwarzer Pfeffer
Sauerrahm, geriebener Käse und eine Salsa nach Wahl zum Servieren

Die schwarzen Kartoffeln in der Schale weich kochen und gut abtropfen lassen. Noch heiß schälen und in grobe Würfel schneiden. Die Butter in einem Topf erhitzen. Zwiebel, Knoblauch und Chili dazugeben und glasig dünsten. Die gewürfelten Kartoffeln hinzufügen und 12 Minuten garen. Vom Herd nehmen und die Kartoffeln mit einer Gabel grob zerstoßen und mit der Hälfte des Frischkäses vermischen.

Das Krabbenfleisch mit dem Korianderkraut, geriebenem Käse, gewürfelter Chorizowurst und dem übrigen Frischkäse mischen und mit Salz und Pfeffer abschmecken. Vier der Tortillas auf der Arbeitsfläche auslegen, die Kartoffelmischung darauf verteilen und das Krabbenfleisch darüber geben. Die vier übrigen Tortillas darüber legen und leicht andrücken. Die Quesadillas in einer gerillten Grillpfanne von beiden Seiten kurz scharf anbraten oder mit etwas Butter in einer Pfanne bräunen.

Vor dem Servieren die Quesadillas in große Stücke teilen und mit frischem Korianderkraut garnieren. Ich reiche sie auch gerne mit einem Klacks Sauerrahm, geriebenem Käse und etwas pikanter Salsa.

Rote-Bete-Kartoffelsalat mit Blauschimmelkäse

Rote Bete aus dem Backrohr mit Walnüssen und einem aromatischen süß-sauren Dressing.

- **6 kleine Rote Bete, je nach Größe halbiert oder im Ganzen**
- **3 EL Olivenöl**
- **1 EL guter Rotweinessig**
- **1 gehäufter TL brauner Zucker**
- **450 g kleine fest kochende Kartoffeln**
- **175 g Roquefort, Stilton oder Gorgonzola (Blauschimmelkäse), grob gehackt**
- **3 EL Walnussöl**
- **3 EL Walnusskerne, geröstet und grob gehackt**
- **Grobes Salz und frisch zerstoßener schwarzer Pfeffer**

Den Backofen auf 200 °C (Umluft 180 °C, Gas Stufe 3–4) vorheizen. Die Rote Bete gut putzen und gründlich waschen. In eine Reine setzen, mit dem Olivenöl beträufeln, mit dem Zucker bestreuen und in 40 bis 45 Minuten weich backen.

Die Kartoffeln in gesalzenem Wasser weich kochen, gut abtropfen lassen und je nach Größe halbieren oder vierteln. Mit den Rote-Bete-Stücken in eine Schüssel füllen, den Blauschimmelkäse darüber streuen. Das Walnussöl darüber träufeln, die Walnusskerne darüber streuen und mit grobem Salz und zerstoßenem schwarzen Pfeffer würzen.

Patatosalata (Kretischer Kartoffelsalat)

Ein farbenfroher und schmackhafter Kartoffelsalat für heiße Tage – und ein Gruß aus einer der schönsten Regionen der Welt.

- **500 g kleine Salatkartoffeln**
- **1 EL Rotweinessig**
- **1/2 TL Dijonsenf**
- **5 EL Olivenöl**
- **150 g Feta oder Kefalotiri-Käse, grob zerbröckelt**
- **1 EL gehackte Minze**
- **1 TL gehackter Oregano**
- **1 rote Zwiebel, dünn geschnitten**
- **3 Frühlingszwiebeln, gehackt**
- **16 schwarze Oliven**
- **1 EL fein gehackte eingelegte Zitrone (Tipp Seite 33)**
- **Salz und frisch gemahlener Pfeffer**

Die Kartoffeln in der Schale in gesalzenem Wasser weich kochen, gut abtropfen lassen und etwas abkühlen lassen. Schälen und in eine Schüssel geben.

Für das Dressing den Rotweinessig, den Senf und das Olivenöl mit einem Schneebesen glatt rühren und über die Kartoffeln gießen, solange diese noch warm sind. Die übrigen Zutaten hinzufügen und vor dem Servieren mindestens 3 Stunden kaltstellen.

Rote-Bete-Kartoffelsalat mit Blauschimmelkäse

warmer Kartoffelsalat mit Meeresfrüchten

Dieser warme Salat mit Meeresfrüchten stammt aus Spanien. Das Safrandressing harmoniert besonders gut mit den Meeresfrüchten und verleiht dem Gericht eine kräftige Farbe und viel Geschmack.

2 EL Olivenöl
1 Zwiebel, fein gehackt
3 Eiertomaten, enthäutet, die Samen entfernt und gehackt
1 rote Paprika, geröstet, enthäutet, die Samen entfernt und gewürfelt
1 Knoblauchzehe, zerstoßen
8 kleine Kalmare, geputzt und in Ringe geschnitten
450 g kleine Salatkartoffeln, geschält und gewürfelt
100 ml Fischfond
4 EL trockener Sherry
350 g Venusmuscheln, geputzt (siehe Tipp)
350 g Miesmuscheln, geputzt (siehe Tipp)
20 frische Riesengarnelen, geschält und der Darm entfernt (Tipp Seite 139)

Für das Dressing:
2 Knoblauchzehen, gehackt
1/4 TL Safranfäden
10 Basilikumblätter
4 EL gehackte glatte Petersilie
Saft von 1 Zitrone
100 ml Olivenöl
Salz und frisch gemahlener schwarzer Pfeffer

Das Olivenöl in einem großen Topf erhitzen. Zwiebel, Tomaten, Paprikawürfel und den Knoblauch hinzufügen und bei mittlerer Hitze 1 bis 2 Minuten dünsten. Die Hitzezufuhr erhöhen, die Kalmare dazugeben und 2 Minuten garen. Die Kartoffeln, den Fischfond und den Sherry hinzufügen und 20 Minuten kochen. Die Miesmuscheln, Venusmuscheln und Riesengarnelen hineingeben und zugedeckt weitere 2 bis 3 Minuten kochen. Mit einem Schaumlöffel alle Zutaten auf eine große Servierplatte geben. Die im Topf verbliebene Garflüssigkeit durch ein Sieb abgießen und beiseite stellen.

Für das Dressing den Knoblauch mit dem Safran in einem Mörser zerstoßen. Die Basilikumblätter und die Petersilie dazugeben und zu einer Paste stoßen. Den Zitronensaft, das Olivenöl und die übrige Garflüssigkeit dazugießen. Das Dressing mit Salz und Pfeffer abschmecken und über die Meeresfrüchte geben. Den Kartoffelsalat warm und mit viel knusprigem Brot servieren.

Tipp

MIES- UND VENUSMUSCHELN PUTZT MAN, indem man sie unter fließend kaltem Wasser kräftig abbürstet. Offene Muscheln, die sich auf leichten Fingerdruck durch Daumen und Zeigefinger nicht mehr schließen, aussortieren. Den so genannten Bart packt man ebenfalls mit Daumen und Zeigefinger und zieht ihn weg.

marokkanischer süsskartoffel-salat mit korianderkraut

tipp

EINGELEGTE ZITRONEN zählen zu den typischen Zutaten der marokkanischen Küche. Man findet sie in Tangine-Gerichten, Salaten und Desserts. Erhältlich sind sie meist in Asia-Shops oder gut sortierten Feinkostgeschäften.

Marokkos Küche zählt zu den interessantesten der Welt. Sie vereint sowohl afrikanische als auch europäische Elemente. Bei einem Familienurlaub in Marrakesch probierte ich kürzlich auf dem weltbekannten Platz Djema'a al Fna allerlei marokkanische Spezialitäten, die dort an Buden verkauft werden. Die Atmosphäre auf diesem Platz ist unvergleichlich: Tausende von Menschen kommen allabendlich zusammen, um die köstlichen Speisen zu versuchen und das Treiben dort zu genießen. Hier ein Salat, den ich einem Verkäufer auf der Djema'a al Fna abgeschaut habe.

100 Milliliter des Olivenöls in einem großen Topf erhitzen. Die Zwiebeln, Ingwer und Chillies dazugeben und glasig dünsten. Die Süßkartoffeln, den Safran, Kreuzkümmel, Zitronensaft und die Paprika hinzufügen und alles mit Wasser bedecken. Die Hitze reduzieren und die Süßkartoffeln in 10 bis 12 Minuten exakt weich kochen. Das Korianderkraut, die Minze und die gehackte Zitrone untermengen, das übrige Öl dazugießen und das Gemüse mit Salz und Pfeffer abschmecken. In eine Schüssel umfüllen und vor dem Servieren auskühlen lassen.

150 ml natives Olivenöl
2 Zwiebeln, dünn geschnitten
1 cm frische Ingwerwurzel, fein gehackt
2 rote Chilischoten, die Samen entfernt und dünn geschnitten
600 g kleine Süßkartoffeln mit hellem Fruchtfleisch, geschält und in 3 mm dicke Scheiben geschnitten
1 Msp. Safranfäden
1/2 TL Kreuzkümmel-Samen (Kumin), in einer Pfanne ohne Fett kurz geröstet
Saft von 1 Zitrone
1/2 TL Rosenpaprika
3 EL gehacktes Korianderkraut
1 EL gehackte Minze
1 EL fein gehackte, eingelegte Zitrone
Salz und frisch gemahlener schwarzer Pfeffer

Salat aus Bratkartoffeln mit Räucherlachs

Salat aus Röstkartoffeln mit Räucherlachs

Kartoffeln mit Räucherfisch fand ich schon immer delikat. Hier bilden die Kartoffeln und das pikante Dressing den idealen Kontrast zum Lachs.

350 g kleine fest kochende Kartoffeln
150 ml Olivenöl
2 EL Sherryessig
2 Frühlingszwiebeln, in 3 mm dicke Scheiben geschnitten
1 EL sehr kleine Kapern, abgetropft
6 Cornichons, dünn geschnitten
2 hart gekochte Eier, fein gehackt
300 g dünn geschnittener Räucherlachs
1 TL gehackter Estragon
Salz und frisch gemahlener schwarzer Pfeffer

Den Backofen auf 190 °C (Umluft 170 °C, Gas Stufe 3) vorheizen. Kartoffeln waschen, auf ein Backblech legen, mit 60 Milliliter des Olivenöls bestreichen und salzen. In etwa 40 Minuten goldbraun backen. Aus dem Ofen nehmen und etwas abkühlen lassen.

Für das Dressing den Essig und übriges Öl verrühren und mit Salz und Pfeffer abschmecken. Die Kartoffeln halbieren und mit den Frühlingszwiebeln, Kapern, Cornichons und gehackten Eiern in eine Schüssel geben. Die Salatsauce darüber gießen und den Salat abschmecken.

Den Räucherlachs auf vier Teller verteilen und den Salat darauf anrichten. Lachsliebhaber können den Salat zusätzlich mit etwas Räucherlachs garnieren. Mit Estragon bestreuen und servieren.

Dreierlei Kartoffelsalat

Dieser einfache Kartoffelsalat besticht durch seine Farbenfreude und wird aus drei unterschiedlichen Kartoffelsorten zubereitet.

200 g All-blue Kartoffeln (schwarze Kartoffeln)
200 g Rote Désirée-Kartoffeln
200 g Neue Kartoffeln
Salz und frisch gemahlener Pfeffer

Für das Dressing:
1 TL Dijonsenf
1 EL Rotweinessig
1 Knoblauchzehe, zerstoßen
3 EL natives Olivenöl
Je 2 EL gehackte Minze und Schnittlauch

Die ungeschälten Kartoffeln vorzugsweise mit einer Küchenmandoline in 5 mm dicke Scheiben schneiden. Getrennt 4 bis 5 Minuten in gesalzenem Wasser weich kochen, mit einem Schaumlöffel herausnehmen und in eine Schüssel geben.

Für das Dressing den Senf mit Essig, Knoblauch und etwas Salz verrühren und das Öl mit einem Schneebesen unterrühren. Die Kräuter dazugeben und die Kartoffelscheiben mit der Sauce anmachen. Mit Salz und Pfeffer abschmecken und warm servieren.

Salade monégasque mit gegrillten Sardinen

Salade monégasque ähnelt dem Salade niçoise und steht in ganz Frankreich in Cafés und Brasserien auf der Speisekarte. Eigentlich reicht man den Salat ohne Fisch, aber ich mag ihn besonders gerne mit Fischfilets vom Holzkohlengrill. Anstelle der Sardinen kann man auch Makrelen nehmen, wobei dann ein Filet pro Portion ausreicht.

250 g kleine Neue Kartoffeln
150 g feine grüne Bohnen (Kenia- oder Nadelbohnen)
4 Anschovisfilets, in Streifen geschnitten
2 TL sehr kleine Kapern, gewässert und abgetropft
4 Radieschen, hauchdünn geschnitten
12 schwarze Oliven, entsteint
1 Stange Staudensellerie, dünn geschnitten
12 Kirschtomaten, halbiert
2 hart gekochte Eier, geviertelt
8 frische Sardinen, filetiert
Salz und frisch gemahlener schwarzer Pfeffer

Für das Dressing:
2 EL guter Weißweinessig
2 Knoblauchzehen, zerdrückt
1 TL Dijonsenf
6 EL Olivenöl und etwas mehr zum Grillen

Die ungeschälten Kartoffeln und Bohnen getrennt gar kochen und gut abtropfen lassen. Für das Dressing Essig, Knoblauch, Senf und etwas Salz in einer großen Schüssel verrühren und das Öl mit einem Schneebesen unterrühren. Die Kartoffeln und Bohnen mit den restlichen Zutaten, mit Ausnahme der Sardinen dazugeben. Gut mischen und mit Salz und Pfeffer abschmecken.

Eine gerillte Grillpfanne erhitzen und mit etwas Öl bestreichen. Die Filets mit der Schnittfläche nach unten in die Pfanne legen und in 2 bis 3 Minuten auf einer Seite grillen, wenden und kurz fertig grillen. Den Salat auf Teller verteilen, die Sardinenfilets darauf anrichten, etwas Dressing aus der Schüssel darüber träufeln und servieren.

gefüllte ofenkartoffeln

Dieses Rezept ist die Adaption einer Idee von Todd English, Küchenchef des Restaurants Olives in Boston. Mir gefällt die Idee, eine Ofenkartoffel mit einem Salat zu füllen – in diesem Fall mit einem Waldorfsalat, der wirklich ausgezeichnet passt.

4 große mehlige Kartoffeln
1/2 Chicorée, in Streifen geschnitten
25 g Rucola
2 Granny-Smith-Äpfel, entkernt und gehackt
2 EL gehackte Walnüsse
1 Stange Staudensellerie, geschnitten
75 g Kochschinken, in Streifen geschnitten
75 g Roquefort-Käse, zerbröckelt
Salz und frisch gemahlener Pfeffer

Für das Dressing:
1 TL Dijonsenf
1 EL gehackter Estragon
2 Schalotten, gehackt
1 EL Cidreessig
4 EL Olivenöl

Die Kartoffeln im Ofen weich backen (siehe Seite 70) und bei jeder Kartoffel oben einen Deckel abschneiden. Jede Kartoffel etwas aushöhlen. Die Salate, Äpfel, Walnüsse, Sellerie und Schinken in einer Salatschüssel mischen.

Für das Dressing den Senf, Estragon, Essig und die Schalotten verrühren und nach und nach das Olivenöl unter Rühren untermischen, bis eine glatte Salatsauce entsteht. Die Vinaigrette in die Salatschüssel gießen und die Zutaten darin gut mischen. Mit Salz und Pfeffer abschmecken. Den Salat auf den Kartoffeln anrichten, den Roquefort-Käse darüber streuen und sofort servieren.

salat mit safrankartoffeln, birnen und fenchel

Geschnittener roher Fenchel besitzt ein feines Aroma und macht diesen Kartoffelsalat richtig knackig. Servieren Sie den Salat zu gegrilltem Fisch.

350 g fest kochende Kartoffeln, vorzugsweise Stella oder Sieglinde
2 Fenchelknollen
1 große, reife Birne (Williams oder Conference)

Für das Dressing:
4 EL Olivenöl
2 EL Walnussöl
1 EL Sherryessig
1/4 TL Safranfäden
2 EL Honig
Salz und frisch gemahlener schwarzer Pfeffer

Die Kartoffeln in der Schale weich kochen, abtropfen und etwas abkühlen lassen. Schälen, in 5 mm dicke Scheiben schneiden und in eine große Schüssel geben.

Für das Dressing alle Zutaten glatt rühren und über die Kartoffeln gießen. Mit Salz und Pfeffer abschmecken und 30 Minuten ziehen lassen.

Fenchel vorzugsweise mit einer Mandoline sehr dünn schneiden (das Kraut zum Garnieren beiseite legen) und zu den Kartoffeln geben. Die Birne schälen, entkernen, in dünne Scheiben schneiden und in den Salat geben. Mischen, erneut abschmecken und garnieren. Sofort servieren.

Kartoffelsalat mit geräucherter Entenbrust und Steinpilzen

Dieser elegante Salat ist eine wunderbare Vorspeise bei einem großen Essen. Anstelle der Entenbrust kann man auch geräucherte Hühnerbrust nehmen. Ist beides nicht erhältlich, nimmt man Parmaschinken oder Coppa di Parma.

150 g Neue Kartoffeln
4 EL Olivenöl
4 große frische Steinpilze (oder Pfifferlinge), in Scheiben geschnitten
24 Walnusskerne
150 g gemischte Blattsalate
2 geräucherte Entenbrüste, dünn geschnitten
Salz und frisch gemahlener schwarzer Pfeffer

Für das Dressing:
1 Schalotte, fein gehackt
$^1/_2$ TL Dijonsenf
2 EL Sherryessig
1 Knoblauchzehe, zerstoßen
1 EL gehackte glatte Petersilie
1 EL gehackter Estragon
4 EL Olivenöl
2 EL Walnussöl

Die Kartoffeln in der Schale weich kochen und gut abtropfen lassen. In 1 cm dicke Scheiben schneiden und in dem Olivenöl auf jeder Seite 3 bis 4 Minuten goldbraun braten. Die geschnittenen Pilze und die Walnusskerne dazugeben und eine weitere Minute braten. Mit Salz und Pfeffer abschmecken und warm stellen.

Für das Dressing die Schalotte, den Senf, Sherryessig, Knoblauch und die Kräuter in eine kleine Schüssel geben und beide Öle mit einem Schneebesen unterrühren. Mit Salz und Pfeffer abschmecken. Die Salate auf vier Tellern anrichten und mit den aufgeschnittenen Entenbrüsten garnieren. Die warme Kartoffelmischung darüber verteilen und mit dem übrigen Dressing beträufeln. Sofort servieren.

Salade niçoise mit gegrillten Kartoffeln und Fenchel

Ein einfacher, aber sehr schmackhafter Salat voll intensiver Aromen aus der Provence. Wenn Sie keinen Mörser für das Dressing zur Hand haben, benutzen Sie einen kleinen Mixer.

3 Fenchelknollen

350 g große Neue Kartoffeln

4 EL Olivenöl

Salz und frisch gemahlener schwarzer Pfeffer

Für das Dressing:

1 Knoblauchzehe, gehackt

8 Basilikumblätter

2 rote Paprika enthäutet, geröstet, die Samen entfernt und fein gehackt

10 schwarze Oliven, entsteint und fein gehackt

2 Schalotten, fein gehackt

4 Anschovifilets, fein gehackt

5 EL Olivenöl

Saft von 1/2 Zitrone

Das Kraut von den Fenchelknollen abzupfen und beiseite stellen. Die Knollen mit einem Sparschäler abschälen, um die groben Fasern zu entfernen. Jede Knolle längs halbieren und die Hälften längs achteln. Dabei den Strunk weitgehend wegschneiden, jedoch darauf achten, dass die einzelnen Schichten der Knolle, die am Ende des Strunks zusammengehalten werden, nicht auseinander fallen.

Zwei Töpfe mit Wasser zum Kochen bringen. Den Fenchel und die Neuen Kartoffeln getrennt garen, dabei den Fenchel 3 bis 4 Minuten kochen und in einem Durchschlag abtropfen lassen. Die Kartoffeln kochen, bis sie sich beim Einstechen mit einem spitzen Messer gerade von der Klinge lösen. Durch einen Durchschlag abgießen und leicht abkühlen lassen. Die Kartoffeln längs durchschneiden. Eine Grillpfanne erhitzen, die Fenchelspalten und die Kartoffeln mit dem Olivenöl anmachen und mit Salz und Pfeffer würzen. In der Grillpfanne unter häufigem Wenden bräunen.

Inzwischen das Dressing zubereiten. Den Knoblauch, das Basilikum und eine gute Prise Salz im Mörser zu einer Paste verreiben. Die übrigen Zutaten unterrühren und alles mit Salz und Pfeffer abschmecken.

Die gegrillten Kartoffeln und den Fenchel in eine Schüssel geben, das Dressing darüber gießen und den Salat mit dem beiseite gelegten Fenchelkraut garnieren.

Aloo Chat

Tipp

FRISCHE KOKOSNUSSRASPELN. **Dazu trennt man die Nuss mit einer Säge in zwei Teile, gießt die Kokosmilch ab und klopft mit einem Hammer kräftig auf die Schale, um das Fruchtfleisch zu lösen. Das Kokosfleisch mit einem Sparschäler oder einer Küchenmandoline raspeln.**

Dieser indische Salat wird bei Zimmertemperatur serviert und passt ausgezeichnet zu einem säuerlichen Apfel und einem Trauben-Chutney. Zudem passt Aloo Chat gut zu asiatischen Gerichten.

100 g Ghee oder geklärte Butter (Tipp Seite 153)
1 kleine Zwiebel, fein gehackt
450 g kleine fest kochende Kartoffeln, geschält und längs halbiert
1 kleine rote Chilischote, die Samen entfernt und dünn geschnitten
1 TL gemahlene Kurkuma (Gelbwurz)
2 TL gemahlener Koriander
1 TL Kreuzkümmelsamen (Kumin), in einer Pfanne ohne Fett kurz geröstet
150 ml Wasser
Fruchtfleisch von 1/2 kleinen Kokosnuss, geraspelt (siehe Tipp)
Frische Korianderblätter zum Garnieren
Salz

Ghee oder geklärte Butter in einer Pfanne erhitzen und die Zwiebel darin glasig dünsten. Die Kartoffeln, Chili, Kurkuma, den gemahlenen Koriander und die Kreuzkümmelsamen sowie etwas Salz dazugeben und 10 bis 15 Minuten braten, bis die Kartoffeln leicht Farbe genommen haben.

Das Wasser dazugießen und zum Kochen bringen. Die Hitze reduzieren und kochen lassen, bis alle Flüssigkeit verdampft ist und die Kartoffeln weich sind. Abkühlen lassen, in eine Servierschüssel umfüllen und vor dem Servieren mit Kokosraspeln garnieren.

Warmer Kartoffelsalat mit Schinken und Senfdressing

Die Zutaten für diesen Salat sind die gleichen, die man auch für den französischen Klassiker Jambon persillé (Schinken in Gelee mit Petersilie) verwendet. Hier eine interessante Interpretation dieses Gerichts in Form eines Kartoffelsalats.

650 g Neue Kartoffeln, geschält
100 g geräucherter Schinken, in kleine Stücke geschnitten
2 Schalotten, gehackt
2 EL sehr kleine Kapern, gewässert und abgetropft
8 Cornichons, gehackt
3 EL gehackte glatte Petersilie

Für das Dressing:
1 EL Rotweinessig
1 TL Dijonsenf
4 EL Olivenöl
Salz und frisch gemahlener Pfeffer

Die Kartoffeln weich kochen, abtropfen und in eine Schüssel geben. Den geräucherten Schinken, die Schalotten, Kapern, Cornichons und Petersilie dazugeben und mischen.

Für die Salatsauce den Essig und den Senf in einer Schüssel glatt rühren, das Olivenöl mit einem Schneebesen unterrühren und das Dressing über die Kartoffeln gießen. Gut mischen und 10 bis 15 Minuten stehen lassen, damit die Kartoffeln die Aromen der Salatsauce aufnehmen können. Warm servieren.

Aloo chat

Kartoffelpüree ist das Grundgericht schlechthin: Ein reichhaltiger, cremiger und schmackhafter Brei, der jeden an seine Kindheit erinnert. Seit führende Köche ihr Kartoffelpüree mit immer mehr Butter, Sahne und Öl anreichern und mit immer ausgefalleneren Aromen verfeinern, erlebt es eine Art zweiten Frühling. Auch ich habe meinen Teil dazu beigetragen, das Püree neu zu erfinden. Das folgende Kapitel enthält einige meiner Lieblingsrezepte, wie Püree mit gegrillten Zwiebeln und Speck (Seite 49) und Püree mit Trüffeln, Morcheln und Zuckermais (Seite 49). Es enthält aber auch ein Grundrezept für Kartoffelpüree (Seite 46) und Rezepte für traditionelle Gerichte, wie das irische Champ (Seite 50).

Klöße sind in Mittel- und Nordeuropa vielleicht noch beliebter; man hat sie hier zu einer Art Kunstform erhoben: Delikat und federleicht sind sie ideale Vehikel, um köstliche Suppen oder die Sauce von Braten und Eintöpfen aufzunehmen. Aus Kartoffeln lassen sich die lockersten Klöße zubereiten, wie italienische Gnocchi (Seite 51), die sich mit unzähligen Zutaten und Aromen kombinieren lassen. Ganz anderer Natur, aber in jedem Fall einen Versuch wert, sind die Süßkartoffel-Gnocchi mit roter Paprika und Basilikum (Seite 52).

Pürees, Gnocchi und Klöße

Jeder weiß, wie man Püree macht, aber nur Wenige wissen, wie man es richtig zubereitet. Hier einige Tipps für gelungene Pürees:

- Nehmen Sie mehlige Sorten wie Bintje und Ulla.
- Die Kartoffeln erst kurz vor dem Garen schälen, damit sie nicht hart werden.
- Die Kartoffeln besser in einen Topf mit kaltem Wasser füllen, anstatt sie direkt in kochendes Wasser zu geben.
- Die Kartoffeln nicht zu lange garen, sonst fallen sie auseinander und werden matschig.
- Die Kartoffeln sofort zerstampfen oder durch eine Kartoffelpresse drücken, sonst werden sie klebrig.
- Die Butter gründlich untermengen, damit das Püree wirklich glatt und sämig wird.
- Die heiße Milch nach und nach untermischen, da der Stärkegehalt der Kartoffeln unterschiedlich ist. Zu viel Milch macht das Püree flüssig.
- Das Kartoffelpüree sofort servieren, es lässt sich nicht gut aufwärmen.

perfektes kartoffelpüree

1 kg gleich große mehlige Kartoffeln, geschält und in größere Stücke geteilt
100 g Butter
125 ml heiße Vollmilch
4 EL Sahne
Salz und frisch gemahlener Pfeffer

Die Kartoffeln in einen Topf füllen, mit kaltem Wasser bedecken, leicht salzen und zum Kochen bringen. Die Hitze reduzieren und die Kartoffeln weich kochen. In einem Durchschlag gut abtropfen lassen und zurück in den Topf geben. Kartoffeln zerstampfen, durch eine Kartoffelpresse drücken oder durch ein Sieb streichen.

Die Butter mit einem Holzlöffel untermischen, heiße Milch nach und nach unterrühren und Sahne untermischen. Gerade so viel Flüssigkeit dazugeben, dass das Püree die gewünschte Konsistenz bekommt. Nur kurz mischen, damit es locker und leicht bleibt. Mit Salz und Pfeffer abschmecken – fertig ist das perfekte Kartoffelpüree.

so geht's perfektes Kartoffelpüree

Varianten des perfekten Kartoffelpürees

Pastinaken-Kartoffelpüree mit Honig und Senf

400 g Pastinaken, geschält und in größere Stücke geschnitten
250 g mehlige Kartoffeln, geschält und in größere Stücke geschnitten
150 ml heiße Vollmilch
50 g Butter
4 EL Sahne
1 EL Honig
2 EL grober Senf (Moutarde de Meaux)
Salz und frisch gemahlener Pfeffer

Pastinaken und Kartoffeln in einen Topf geben, mit kaltem Wasser bedecken, leicht salzen und zum Kochen bringen. Die Hitze reduzieren und die Stücke halb gar kochen. In einem Durchschlag abtropfen lassen und zurück in den Topf geben.

Die Milch dazugießen und das Gemüse in weiteren 5 bis 8 Minuten weich kochen.

Vom Herd nehmen, Butter, Sahne, Honig und Senf dazugeben und mit einem Kartoffelstampfer ein glattes Püree herstellen. Mit Salz und Pfeffer abschmecken.

Kartoffelpüree mit Mascarpone und Tomaten

Einfach und schmackhaft. Passt ausgezeichnet zu Fisch.

3 EL Mascarpone-Käse, zimmerwarm
1/2 Rezept Perfektes Kartoffelpüree (Rezept Seite 46)
4 Frühlingszwiebeln, fein geschnitten
150 g sonnengereifte Tomaten, in kleine Stücke geschnitten

Den Mascarpone-Käse unter das Kartoffelpüree mischen. Die Frühlingszwiebeln und die Tomaten behutsam untermengen und sofort servieren.

Wasabi-Kartoffelpüree

Ich bereite regelmäßig Kartoffelpüree mit Meerrettich als Beilage zu Roastbeef zu. Eines Tages kam mir die Idee, noch einen Schritt weiter zu gehen und Wasabi – einen japanischen Meerrettich, der extrem scharf ist – für das Püree zu verwenden. Aufgrund der Schärfe sollte man bei der Zugabe von Wasabi Vorsicht walten lassen. Mehr davon hinzufügen kann man immer, aber das Herausnehmen ist bekanntlich schwierig.

Dieses Kartoffelpüree passt zu zahlreichen asiatischen Gerichten und ist eine gute Alternative zu Reis und Nudeln. Es harmoniert auch vorzüglich mit Räucherlachs.

750 g mehlige Kartoffeln, geschält und in Stücke geschnitten
50 g Butter
125 ml heiße Vollmilch
2 TL Wasabi (japanischer Meerrettich)
2 EL Schnittlauch oder Frühlingszwiebeln, klein geschnitten
Salz und frisch gemahlener Pfeffer

Die Kartoffeln in einen Topf geben, mit kaltem Wasser bedecken und zum Kochen bringen. Die Hitze reduzieren und die Stücke weich kochen. In einem Durchschlag gut abtropfen lassen und zurück in den Topf füllen. Mit einem Kartoffelstampfer zerdrücken oder durch eine Kartoffelpresse drücken.

Die Butter mit einem Kochlöffel untermischen, Milch nach und nach unterrühren. Den Wasabi dazugeben und unterheben. Nur kurz mischen, damit das Püree locker und leicht bleibt. Mit Salz und Pfeffer abschmecken und den Schnittlauch oder die Frühlingszwiebeln untermischen.

weitere Püree-Variationen

Ratatouille-Püree mit zerlassener Olivenbutter

Dieses Gericht wurde von einem meiner Köche im Hotel Lanesborough kreiert, der versehentlich etwas Ratatouille mit Kartoffelpüree mischte. Ich probierte es trotzdem und seitdem steht das Püree regelmäßig auf der Speisekarte. Es harmoniert ausgezeichnet mit Lamm.

4 EL Olivenöl
1 kleine Zwiebel, fein gehackt
3 Knoblauchzehen, zerdrückt
50 g Aubergine, in 1 cm große Würfel geschnitten
1/4 rote Paprika, die Samen entfernt und gewürfelt
1/4 gelbe Paprika, die Samen entfernt und gewürfelt
1 kleine grüne Zucchini, fein gewürfelt
1 kleine gelbe Zucchini, fein gewürfelt
1 Eiertomate, enthäutet, die Samen entfernt und fein gehackt
1/2 Rezept Perfektes Kartoffelpüree (Rezept Seite 46)
1 EL gehackter Basilikum
1/2 TL Thymianblätter
Salz und frisch gemahlener Pfeffer

Für die Olivenbutter:
50 g weiche Butter
1 EL gehackte schwarze Oliven
1 TL Zitronensaft

Für die Olivenbutter die Butter mit den Oliven mischen, Zitronensaft dazugeben und abschmecken. Die Olivenbutter auf ein Stück Klarsichtfolie geben, einschlagen und zu einer Rolle formen. 2 Stunden im Kühlschrank fest werden lassen.

Für das Ratatouille das Olivenöl in einer Pfanne erhitzen. Zwiebel und Knoblauch zugeben und leicht bräunen. Die übrigen Gemüse hinzufügen und bei schwacher Hitze in 8 bis 10 Minuten weich dünsten. In eine Schüssel umfüllen, heißes Kartoffelpüree und Kräuter untermischen und abschmecken.

Die Olivenbutter in 5 mm dicke Scheiben schneiden, das Püree damit garnieren und sofort servieren.

Kartoffelpüree mit Bourbon und Balsamico

Die amerikanische Art, diese Süßkartoffeln mit süßen Zutaten und Whisky zuzubereiten, erscheint auf den ersten Blick ungewöhnlich, ist aber eine gelungene Kombination. Der Essig lässt die Süße in den Hintergrund treten. Dieses Püree passt sehr gut zu gegrilltem oder gebratenem Geflügel.

750 g Süßkartoffeln mit orangefarbenem Fruchtfleisch
Saft und fein geriebene Schale von 1/2 unbehandelten Zitrone
1 Msp. frisch geriebene Muskatnuss
1/4 TL Zimtpulver
1/4 TL gemahlener Pimentpfeffer
40 g brauner Zucker
4 EL Balsamico und 1 EL zum Servieren
2 EL Bourbon-Whisky
Salz und frisch gemahlener Pfeffer

Den Backofen auf 200 °C (Umluft 180 °C, Gas Stufe 3–4) vorheizen. Die Kartoffeln von allen Seiten mit einem kleinen, scharfen Messer einstechen, auf ein Backblech setzen und in 45 bis 50 Minuten weich backen. Abkühlen lassen, halbieren und das Fruchtfleisch herauslöffeln. In eine Küchenmaschine geben, Zitronenschale und -saft, die Gewürze und etwas Salz dazugeben und alles glatt pürieren.

Den Zucker, Essig und Whisky in einen mittelgroßen Topf füllen und zum Kochen bringen. Einkochen, bis sich ein heller Karamell bildet. Die Süßkartoffeln hinzufügen und gut vermischen. Wenn nötig, erneut mit Salz und Pfeffer abschmecken. Das Püree in eine Servierschüssel umfüllen, mit etwas Balsamico beträufeln und servieren.

Kartoffelpüree mit Zwiebeln und Speck

Mein Geheimtipp! Der rauchige Geschmack von dunkel gegrillten roten Zwiebeln und knusprigem Speck, kombiniert mit einem samtig weichen Püree: Schmeckt so lecker, wie es klingt.

2 rote Zwiebeln

3 EL Olivenöl

150 g durchwachsener Speck

1 Rezept Perfektes Kartoffelpüree (Rezept Seite 46)

Salz und frisch gemahlener Pfeffer

Den Grill vorheizen oder eine gerillte Grillpfanne erhitzen. Zwiebeln schälen und in 5 mm dicke Scheiben schneiden. Mit Olivenöl bestreichen, salzen und pfeffern. Die Zwiebelscheiben von jeder Seite 5 bis 8 Minuten grillen, bis sie leicht angekohlt und weich sind. Etwas abkühlen lassen und in kleine Würfel schneiden. Den Speck von jeder Seite 4 bis 5 Minuten grillen und ebenfalls würfeln. Die Zwiebeln und den Speck in das vorbereitete heiße Püree geben, mit Salz und Pfeffer abschmecken und servieren.

Kichererbsen-Olivenöl-Püree

125 g Kichererbsen, über Nacht in kaltem Wasser eingeweicht

2 Knoblauchzehen, zerdrückt

½ Rezept Perfektes Kartoffelpüree (Rezept Seite 46)

5 EL fruchtiges Olivenöl

1 EL Sesamöl

1 Msp. Cayennepfeffer

Salz und frisch gemahlener Pfeffer

Die Kichererbsen abgießen, in einen Topf füllen, mit frischem Wasser bedecken und zum Kochen bringen. Die Hitze reduzieren und die Kichererbsen in 60 bis 90 Minuten weich kochen. Abgießen und die Garflüssigkeit beiseite stellen. Die Kichererbsen mit dem Knoblauch, etwas Salz und ausreichend Garflüssigkeit zu einem Püree von cremiger Konsistenz verrühren. Das Kichererbsenpüree zu dem heißen Kartoffelpüree geben. Oliven- und Sesamöl gründlich untermischen. Mit Salz und Pfeffer abschmecken, in eine Servierschüssel umfüllen und mit Cayennepfeffer bestreuen.

Püree mit Trüffeln, Morcheln und Zuckermais

Ein sehr exklusives Püree, das mit frischen schwarzen Trüffeln und wilden Pilzen zubereitet wird. Es harmoniert besonders gut mit Geflügel und Rind.

10 g getrocknete Morcheln

750 g mehlige Kartoffeln, geschält und in größere Stücke geschnitten

2 Maiskolben, ohne Blätter

150 ml Vollmilch

25 g Butter

10 g frische schwarze Trüffeln, fein geraspelt

100 g Sahne

2 Scheiben Weißbrot, entrindet und in Streifen geschnitten

Salz und frisch gemahlener Pfeffer

Die getrockneten Morcheln in 120 Milliliter heißem Wasser 1 Stunde einweichen. Abtropfen lassen und grob hacken. Beiseite stellen.

Die Kartoffeln in einen Topf füllen, mit kaltem Wasser bedecken, leicht salzen und zum Kochen bringen. Die Hitze reduzieren und die Kartoffeln weich kochen. Inzwischen mit einem kleinen, scharfen Messer die Kerne von

den Maiskolben schaben. In einen Topf geben, mit der Milch bedecken und zum Kochen bringen. Die Hitze reduzieren und die Kerne in 10 bis 12 Minuten weich kochen. Die Maiskörner mit der Garflüssigkeit in einen Mixer geben und glatt pürieren.

Die Kartoffeln in einen Durchschlag abgießen und zurück in den Topf geben. Mit einem Kartoffelstampfer zerstampfen, durch eine Kartoffelpresse drücken oder durch ein Sieb streichen. Das Maispüree untermischen.

Die Hälfte der Butter in einer Pfanne erhitzen. Morcheln und Trüffel 1 bis 2 Minuten darin andünsten. Würzen und unter das Püree mischen. Sahne untermischen und erneut abschmecken. Einige Brotstreifen in der restlichen Butter bräunen und das Püree damit garnieren.

Champ

Gemäß der irischen Tradition sollte dieses Gericht stets mit Buttermilch zubereitet werden. Manchmal wird es auch als Stelk oder Cally bezeichnet.

1 kg mehlige Kartoffeln, geschält und in größere Stücke geschnitten
200 ml Buttermilch oder Vollmilch
100 g Sahne
75 g kalte Butter, in kleine Stücke geschnitten
1 Bund Frühlingszwiebeln, gehackt
Salz und frisch gemahlener schwarzer Pfeffer

Die Kartoffeln in einen großen Topf geben und mit kaltem Wasser bedecken. Leicht salzen und zum Kochen bringen. Die Hitze reduzieren und die Kartoffeln weich garen. In einem Durchschlag abtropfen lassen, zurück in den Topf füllen und 2 Minuten bei schwacher Hitze ausdampfen lassen.

In einem weiteren Topf die Buttermilch oder Milch sowie die Sahne und die Hälfte der Butter erhitzen. Die Frühlingszwiebeln hinzufügen und 5 Minuten bei schwacher bis mittlerer Hitze dünsten, damit sich der scharfe Geschmack des rohen Gemüses verflüchtigt.

Die Kartoffeln zerstampfen oder durch eine Kartoffelpresse drücken. Die Buttermilch-Zwiebel-Mischung mit einem Holzlöffel nach und nach untermischen, damit das Püree leicht und locker wird. Mit Salz und Pfeffer abschmecken. In eine Servierschüssel umfüllen und in die Mitte des Pürees eine Mulde drücken. Die restliche Butter hinzufügen und sofort servieren, während die Butter verlockend über das samtige Püree läuft. Beobachten Sie Ihre Gäste: Es ist ein Vergnügen, Ihnen beim Versuch zuzusehen, ein wenig von der schmelzenden Butter und dem weichen, lockeren Püree zu erwischen.

KartoffelGnocchi

Dies ist das Grundrezept für Gnocchi – kleine Kartoffelklößchen – aus dem Lanesborough. Gnocchi sind ein elementarer Bestandteil der italienischen Küche und äußerst vielseitig. Man kann den Teig mit gemischten Kräutern, fein gehackten, gegarten Pilzen oder anderen aromatischen Zutaten zubereiten. Reichen Sie Gnocchi mit zerlassener Butter, Tomatensauce oder einer anderen Sauce Ihrer Wahl.

1 kg mehlige Kartoffeln, geschält und in größere Stücke geschnitten

275 g Mehl

1 Ei

Frisch geriebene Muskatnuss

Salz und frisch gemahlener schwarzer Pfeffer

Die Kartoffeln in einen großen Topf füllen und mit kaltem Wasser bedecken. Leicht salzen und zum Kochen bringen. Die Hitze reduzieren und die Kartoffeln weich garen. Gut abtropfen lassen und in einem sauberen Küchentuch trocknen. Die Kartoffeln durch ein Sieb in eine große Schüssel streichen.

Das Mehl darüber sieben, das Ei dazugeben und mit Muskat, Salz und Pfeffer würzen. Gut mischen und die Masse auf einer mit Mehl bestäubten Arbeitsfläche 2 bis 3 Minuten kneten, bis ein glatter, leicht elastischer Teig entsteht. Den Teig mit bemehlten Händen zu Würsten von 2 cm Durchmesser ausrollen. Diese in 2 cm lange Stücke schneiden und jedes Klößchen leicht über die Zacken einer Gabel rollen, damit sie ihre typische Form erhalten. Die fertigen Gnocchi auf ein mit Mehl bestäubtes Backblech legen.

Einen großen Topf mit Wasser zum Kochen bringen. Die Hitze reduzieren, das Wasser soll nur noch leicht aufwallen. Die Gnocchi in kleineren Mengen in das kochend heiße Wasser geben. Achten Sie darauf, nicht zu viele Gnocchi auf einmal in den Topf zu geben, da diese sonst leicht zusammenkleben. 3 bis 4 Minuten gar ziehen lassen, bis die Gnocchi an die Oberfläche steigen. Mit einem Schaumlöffel herausnehmen, gut abtropfen lassen und in einer Schüssel warm halten, während man die nächsten Gnocchi gart.

Süsskartoffelgnocchi mit roter Paprika und Basilikum

Für die rote Paprikasauce das Olivenöl und die Butter in einem Topf erhitzen. Die Zwiebel und den Knoblauch dazugeben und bei schwacher Hitze in 3 bis 4 Minuten glasig dünsten. Den Wein dazugießen, zum Kochen bringen und die gehackten Paprika und das Tomatenmark hinzufügen. 5 bis 8 Minuten kochen, die Brühe dazugießen und erneut zum Kochen bringen. Die Kräuter dazugeben und alle Zutaten 20 Minuten kochen lassen. Die Sauce in einen Mixer füllen und glatt pürieren. Mit Salz und Pfeffer abschmecken.

Für die Gnocchi den Ofen auf 200 °C (Umluft 180 °C, Gas Stufe 3–4) vorheizen. Die Süßkartoffeln auf ein Backblech legen und weich backen. Aus dem Ofen nehmen und etwas abkühlen lassen. Die Kartoffeln halbieren und das Fruchtfleisch herauslöffeln. Im Mixer pürieren oder durch ein Sieb streichen. Das Püree in eine Schüssel umfüllen. Ei, Mehl und 75 Gramm Parmesan hinzufügen, salzen und pfeffern. Die Zutaten gründlich mischen und zu einem glatten, leicht festen Teig verarbeiten. Aus dem Teig klassische italienische Gnocchi (Rezept Seite 51) oder Bällchen formen.

Die Gnocchi nach und nach, in nicht zu großen Mengen gleichzeitig, in einem großen Topf mit siedendem Wasser 5 bis 8 Minuten garen (ein Klößchen herausnehmen und die Garprobe machen). Die Gnocchi mit einem Schaumlöffel herausnehmen und in eine feuerfeste Servierschüssel füllen. Die Butter mit 3 Esslöffel Wasser in einem Topf zum Kochen bringen Das gehackte Basilikum hineingeben, 1 Minute kochen lassen und die Basilikumbutter über die Gnocchi verteilen. Den übrigen Parmesan darüber streuen und die Gnocchi im vorgeheizten Ofen bei 200 °C (Umluft 180 °C, Gas Stufe 3–4) 5 Minuten überbacken, bis der Käse Blasen wirft und Farbe nimmt. Die Paprikasauce erhitzen und auf vier Teller verteilen. Die Gnocchi darauf setzen und servieren.

650 g Süßkartoffeln mit orangefarbenem Fruchtfleisch
1 Ei
175 g Mehl
100 g Parmesan
75 g Butter
1 Bund Basilikum, gehackt
Salz und frisch gemahlener schwarzer Pfeffer

Für die Paprikasauce:
1 EL Olivenöl
25 g Butter
1 kleine Zwiebel, gehackt
1 Knoblauchzehe, zerdrückt
5 EL trockener Weißwein
2 große rote Paprika, die Samen entfernt und gehackt
1 EL Tomatenmark
150 ml Geflügel- oder Gemüsebrühe
Einige Basilikumstängel
1 Zweig Thymian

Kartoffel-Kürbisklöße mit Meerrettich

Knödel nach deutscher Art, wie sie in diesem Rezept vorgestellt werden, sind typisch mitteleuropäisch und zählen zum Besten, was man aus Kartoffeln machen kann. Man serviert sie entweder ganz einfach mit zerlassener Butter oder reicht sie als Einlage in reichhaltigen Rindfleisch- oder Gemüseeintöpfen.

100 g Butter
125 g geschälter Gartenkürbis, in 1 cm dicke Würfel geschnitten
100 ml Wasser
1,5 kg mehlige Kartoffeln, geschält und in größere Stücke geschnitten
3 Eigelbe, leicht geschlagen
3 EL Speisestärke
3 EL Hartweizengrieß
75 g Mehl
2 EL frisch geriebener Meerrettich
Frisch geriebene Muskatnuss
Salz und frisch gemahlener schwarzer Pfeffer

Die Hälfte der Butter in einer Pfanne erhitzen und die Kürbiswürfel von allen Seiten goldbraun braten. Mit Salz und Pfeffer würzen und das Wasser dazugießen. Die Hitze reduzieren und die Würfel zugedeckt weich kochen. Abkühlen lassen.

Die Kartoffeln in einen Topf geben, mit kaltem Wasser bedecken und zum Kochen bringen. Die Hitze reduzieren und die Kartoffeln gar kochen. Gut abtropfen lassen und zerstampfen oder durch eine Kartoffelpresse drücken. Die Eigelbe, Stärke, Grieß, die Hälfte des Mehls und den Meerrettich dazugeben. Mit Muskat, Salz und Pfeffer würzen und gründlich unterheben.

Mit den Händen etwa golfballgroße Klöße formen. In jeden Kloß einen Kürbiswürfel drücken und nochmals zu Kugeln drehen. Das restliche Mehl auf ein Backblech oder eine Platte streuen. Die Klöße darin wenden, bis sie gleichmäßig mit Mehl bedeckt sind.

Die Klöße in einen großen Topf mit kochendem gesalzenem Wasser geben. Die Hitze reduzieren und die Klöße 15 bis 20 Minuten darin kochen lassen, bis sie gar sind (Garprobe machen). Inzwischen die übrige Butter zerlassen. Die Klöße mit einem Schaumlöffel heraus-nehmen und in eine Servierschüssel füllen. Die zerlassene Butter über die Klöße gießen und servieren.

Kartoffel-Zitronen-Ricotta-Pansoti mit Salsa di noci

Pansoti sind eine Spezialität aus der italienischen Provinz Ligurien. Der Name bedeutet „kleine Bäuche", eine niedliche Beschreibung ihrer Form. Klassisch werden sie mit einer Kräuterfüllung zubereitet. Meine Kartoffel-Zitronen-Ricotta-Füllung ist mindestens ebenso delikat.

1 kg Rote Désirée- oder andere mehlige Kartoffeln
125 g Ricotta-Käse
2 EL Milch
2 EL gehackte glatte Petersilie
Fein geriebene Schale von 1 unbehandelten Zitrone
1/4 TL Zimtpulver
Frisch geriebene Muskatnuss
2 EL frisch geriebener Parmesan
25 g Butter, zerlassen
Salz und frisch gemahlener schwarzer Pfeffer

Für den Pastateig:
400 g Mehl
3 EL trockener Weißwein
1 EL Wasser
1 Ei

Für die Salsa di noci:
100 g Walnusskerne
50 g Weißbrot, entrindet und in einer Küchenmaschine fein zerkleinert oder sehr fein gehackt
40 g Parmesan, frisch gerieben
100 g Ricotta-Käse
40 g Pinienkerne
4 EL Vollmilch
4 EL natives Olivenöl

Die Kartoffeln weich backen (Rezept Seite 70). Etwas abkühlen lassen, halbieren, das Fruchtfleisch herauslöffeln und in eine Schüssel geben. Mit einer Gabel zerstampfen. Ricotta, Milch, Petersilie, Zitronenschale und Zimt dazugeben und mit Muskat, Salz und Pfeffer würzen. Abkühlen lassen.

Für den Pastateig das Mehl in eine große Schüssel geben und in die Mitte eine Mulde drücken. Wein, Wasser und Ei vermischen und in die Mulde gießen. Das Mehl nach und nach von außen zur Mitte arbeiten, bis ein Teig entsteht. Den Teig 4 bis 5 Minuten kneten. Beiseite stellen und zugedeckt 10 bis 15 Minuten ruhen lassen. Den Teig mit einer Nudelmaschine sehr dünn ausrollen und Dreiecke von 7,5 cm Kantenlänge schneiden. Ein wenig von der Kartoffelfüllung in die Mitte der Dreiecke geben. Die Teigenden mit etwas Wasser bestreichen und die Dreiecke einmal falten. Anschließend mit den Fingern andrücken, um die Pansoti zu verschließen.

Für die Salsa die Walnüsse 4 bis 5 Minuten in kochendem Wasser blanchieren. Gut abtropfen lassen und die feine braune Haut der Nüsse abziehen oder abreiben. Die Nüsse, Brotkrumen und Parmesan in einen Mixer geben, die Ricotta und die Pinienkerne dazugeben und alles glatt pürieren. Die Milch und das Olivenöl dazugießen und die Sauce mit Salz und Pfeffer abschmecken. Die Pansoti in reichlich siedendem gesalzenem Wasser in 3 bis 4 Minuten garen. Abtropfen lassen, in eine Servierschüssel füllen und die Walnusssauce darüber gießen. Mit dem geriebenen Parmesan bestreuen und die zerlassene Butter um die Pansoti gießen.

Kartoffelnudeln mit Riesen-garnelen in eigener Sauce

- **400 g mehlige Kartoffeln**
- **50 g Parmesan, frisch gerieben**
- **150 g Mehl**
- **2 Eier, leicht geschlagen**
- **50 g Butter, zerlassen**
- **Salz und frisch gemahlener schwarzer Pfeffer**
- **Frische Kerbelblätter zum Garnieren**

Für die Riesengarnelen:

- **4 EL Olivenöl**
- **20 rohe Riesengarnelen, geschält und der Darm entfernt (Tipp Seite 139) – die Karkassen aufheben**
- **100 g Möhren, Lauch und Zwiebeln, fein gehackt**
- **2 EL Weinbrand**
- **100 ml trockener Weißwein**
- **1 EL Tomatenmark**
- **150 g Sahne**
- **25 g kalte Butter, in kleine Stücke geschnitten**

Den Backofen auf 200 °C (Umluft 180 °C, Gas Stufe 3–4) vorheizen. Die Kartoffeln in Alufolie einschlagen (dadurch bleibt die Schale weich und lässt sich später leichter schälen) und weich backen. Aus der Folie nehmen, etwas abkühlen lassen und schälen. Die Kartoffeln durch ein Sieb oder eine Kartoffelpresse in eine große Schüssel drücken. Parmesan, Mehl und etwas Salz und Pfeffer untermischen. Eine Mulde in die Mitte drücken und die Eier hineingeben. Mit den Kartoffeln mischen und den Teig 1 bis 2 Minuten kneten. In Klarsichtfolie einschlagen und 30 Minuten ruhen lassen.

Den Teig zu einer Rolle von 2,5 cm Ø formen und in etwa 1 cm dicke Stücke schneiden. Die Teigstücke mit den Handballen auf einer mit Mehl bestäubten Arbeitsfläche ausrollen und zu etwa 5 cm langen Nudeln formen. Die Nudeln auf ein mit Mehl bestäubtes Backblech legen und beiseite stellen.

Das Olivenöl in einem großen Topf erhitzen. Die Garnelen-Karkassen einige Minuten scharf darin anbraten. Das gehackte Gemüse zugeben und in 4 bis 5 Minuten weich garen. Weinbrand und Wein angießen und weitere 5 Minuten kochen. Tomatenmark hineingeben und wiederum 5 Minuten kochen. Karkassen mit Wasser bedecken, zum Kochen bringen. Die Hitze reduzieren, Sahne dazugießen und 10 bis 12 Minuten kochen lassen. In einen Mixer umfüllen und zerkleinern. Durch ein feines Sieb in einen sauberen Topf streichen. Garnelen hineingeben und etwa 2 Minuten bei schwacher Hitze gar ziehen lassen. Die kalten Butterstücke mit einem Schneebesen nach und nach unter die Sauce schlagen. Mit Salz und Pfeffer abschmecken und warm stellen.

Die Kartoffelnudeln in 2 bis 3 Minuten in reichlich siedendem gesalzenem Wasser garen, bis sie nach oben steigen. Mit einem Schaumlöffel herausnehmen, mit der zerlassenen Butter mischen und abschmecken. Mit den Riesengarnelen und der Sauce auf vier Tellern anrichten und mit dem Kerbel garnieren.

DIESES KAPITEL enthält klassische Kartoffelrezepte. Allen voran Ofen- und Bratkartoffeln sowie eine große Auswahl an Gratins. Das wohl bekannteste Gratin ist das Dauphinois (Seite 60). Die richtige Zubereitung ist seit jeher umstritten. Backt man Kartoffelscheiben langsam in viel Sahne, kommt immer etwas Delikates zustande – ganz gleich, ob es sich um ein authentisches Rezept handelt oder nicht. Eine tolle Abwandlung ist Janssons Frestelse (Seite 67), eine schwedische Spezialität, die mit Anchovis und Zwiebeln zubereitet wird. Zu einem gelungenen Gratin gehört auch das richtige Geschirr: Es sollte ausreichend flach sein, damit das Gratin gleichmäßig bräunen kann.

Die gemeine Ofenkartoffel verdient erheblich mehr Zuwendung als das obligatorische Flöckchen Butter und etwas geriebenen Käse. Sie ist die ideale Ergänzung zu zahllosen Aromen und Zutaten: Zu meinen Lieblingsrezepten zählen Geräuchertes Cheddar-Soufflé (Seite 72) sowie Kretischer Feta, Oliven, geröstete Pinienkerne und Oregano (Seite 71).

Einfache Röstkartoffeln (Seite 76) sind so lecker, dass man versucht sein könnte, es dabei zu belassen. In diesem Kapitel finden Sie jedoch viele weitere köstliche Anregungen zu diesem Thema.

Geröstetes, Gebackenes und Gratins

Le vrai Dauphinois

Was macht ein authentisches Gratin Dauphinois aus? Diese Frage ist seit Jahren Gegenstand intensiver Debatten, die kein Ende finden. Über eines herrscht jedoch Einigkeit: Auf keinen Fall darf es Käse enthalten – oder führt diese Feststellung etwa wieder zu neuem Streit?

1 kg fest kochende Kartoffeln wie Stella, Sieglinde oder französische Roseval
2 Knoblauchzehen, zerdrückt
125 g Butter
2 Eier, verquirlt
300 g Sahne
450 ml Milch
Salz und frisch gemahlener schwarzer Pfeffer

Den Backofen auf 190 °C (Umluft 170 °C, Gas Stufe 3) vorheizen. Die Kartoffeln schälen, trockentupfen und mit einer Küchenmandoline längs dünn schneiden. Eine große feuerfeste Steingutform mit Knoblauch einreiben und mit Salz bestreuen. Die Form großzügig mit einem Teil der Butter einstreichen und die Kartoffelscheiben darin überlappend schichten. Zwischen jeder Schicht mit Salz und Pfeffer würzen.

Die Eier mit Sahne und Milch vermischen und über die geschichteten Kartoffeln gießen. Die übrige Butter in kleinen Flocken darüber verteilen. Das Gratin auf dem Herd zum Kochen bringen. In den Ofen schieben und 1 bis 1 1/4 Stunden backen, bis die Kartoffeln weich sind, fast alle Flüssigkeit aufgesogen ist und sich auf der Oberfläche eine goldbraune Kruste gebildet hat. Sehr heiß in der Form servieren.

Gebackene Kartoffeln mit Ziegenkäse, Schnittlauch und Thymian

450 g Neue Kartoffeln
1 reifer Crottin de Chavignol (Ziegenkäse), grob gerieben
5 EL Ziegenmilch
50 g Butter
1 EL Schnittlauch, geschnitten
1 TL Thymianblätter
100 g Sahne
Grobes Salz und frisch gemahlener Pfeffer

Den Backofen auf 200 °C (Umluft 180 °C, Gas Stufe 3–4) vorheizen. Die Kartoffeln in der Schale in gesalzenem Wasser gar kochen. Abtropfen und etwas abkühlen lassen. Schälen, in eine Schüssel geben und mit einer Gabel leicht zerdrücken. Den geriebenen Ziegenkäse, Milch, Butter und Kräuter untermischen und mit Salz und Pfeffer würzen.

Die Sahne leicht schlagen und unter die Kartoffelmasse heben. Die Masse in eine gebutterte flache Form umfüllen und im Ofen in 12 bis 15 Minuten goldbraun backen. Sofort in der Form servieren.

Heilbutt-Brandade mit Krabbenkruste

Brandade, ein Fischmus, wird eigentlich mit gesalzenem Kabeljau (Klippfisch) hergestellt. Für dieses Rezept verwende ich jedoch frischen Heilbutt. Was mir so an diesem Gericht gefällt, ist die Krabbenkruste, die ausgezeichnet zu dem Kartoffel-Fisch-Püree passt.

600 ml Vollmilch
450 g Sahne
4 Knoblauchzehen, zerdrückt
2 Zweige Thymian
1 Lorbeerblatt
650 g Heilbuttfilet mit Haut
500 g mehlige Kartoffeln, geschält und gehackt
6 EL Olivenöl und 1–2 EL zum Beträufeln
4 EL Schnittlauch, geschnitten
6 EL Weißbrot, entrindet und in einer Küchenmaschine fein zerkleinert oder sehr fein gehackt
200 g frisch gegartes Krabbenfleisch von 2 bis 3 Taschenkrebsen
25 g weiche Butter
Grobes Salz und frisch gemahlener schwarzer Pfeffer

Für die Sauce:
150 ml Fischbrühe
50 g kalte Butter, in kleine Stücke geschnitten
10 Basilikumblätter, gezupft, und ein paar Blätter zum Garnieren

Milch, Sahne, Knoblauch, Thymian, das Lorbeerblatt und etwas Salz in einen Topf geben und zum Kochen bringen. Die Hitze reduzieren und das Heilbuttfilet in 10 bis 12 Minuten darin gar ziehen lassen. Das Filet mit einem Schaumlöffel herausnehmen und beiseite stellen. Die Kartoffeln in die Garflüssigkeit geben und weich kochen. Mit einem Schaumlöffel herausnehmen und durch eine Kartoffelpresse drücken. Den Fisch häuten und unter das Püree mischen. Das Olivenöl und ausreichend Garflüssigkeit zugeben und alles zu einem glatten, cremigen Mus verrühren. Mit Salz und Pfeffer abschmecken und den klein geschnittenen Schnittlauch untermischen.

Den Backofen auf 200 °C (Umluft 180 °C, Gas Stufe 3–4) vorheizen. Metallringe (Ø 10 bis 12 cm) buttern und auf ein Backblech legen. Mit dem Kartoffel-Fisch-Püree füllen und die Oberfläche mit einem Palettenmesser oder einem Löffel glatt streichen. Die Weißbrotkrumen mit Krabbenfleisch und der weichen Butter vermischen und auf dem Kartoffel-Fisch-Püree verteilen. Etwas Olivenöl darüber träufeln und 12 bis 15 Minuten im vorgeheizten Ofen backen. Inzwischen die Sauce zubereiten. Dazu die Fischbrühe erneut zum Kochen bringen. Die kalten Butterstücke nach und nach mit einem Schneebesen unter die Brühe schlagen. Den Basilikum dazugeben und die Sauce mit Salz und Pfeffer abschmecken.

Die Brandade portionsweise auf Tellern anrichten, mit einem spitzen kleinen Messer am inneren Rand der Ringe entlang fahren und die Ringe abheben. Die Sauce um die Brandade gießen, mit etwas Basilikum garnieren und servieren.

Kartoffel-Brik mit Zwiebeln und Kräuterkäse

Briks sind fester Bestandteil der marokkanischen Küche: frittierte Taschen aus einem Teig, ähnlich dem griechischen Fillo, gefüllt mit Eiern, Thunfisch oder Gemüse. Bei diesem Rezept werden die Briks aus dünnen Kartoffelscheiben hergestellt. Entscheiden Sie selbst: Ist das Ketzerei oder Kreativität?

3 große Désiree-Kartoffeln, geschält und längs in 3 mm dicke Scheiben geschnitten
100 g Butter
200 g Raclette-Käse, in 1cm große Würfel geschnitten
2 EL gehackte gemischte Kräuter (Schnittlauch, Basilikum, Petersilie, Kerbel und Estragon)
6 EL Sahne, leicht geschlagen
2 EL Olivenöl
2 rote Zwiebeln, in dünne Scheiben geschnitten
1 EL brauner Zucker
125 g Mangold (oder Spinat), nur die Blätter
Salz und frisch gemahlener schwarzer Pfeffer

Für die Sauce:
150 ml Geflügelbrühe
100 g Sahne
1 EL gehackte gemischte Kräuter

Die Kartoffelscheiben in eine große Schüssel füllen, salzen und pfeffern. 75 Gramm Butter zerlassen und über die Kartoffeln gießen. Etwa 30 Minuten stehen lassen, damit sie weich werden. Inzwischen die Käsewürfel mit den Kräutern und der Sahne vermischen und kaltstellen.

Das Öl in einem Topf leicht erhitzen. Die Zwiebeln darin 4 bis 5 Minuten glasig dünsten. Aus dem Topf nehmen und abkühlen lassen.

Die restliche Butter in einem Topf erhitzen, Mangold zugeben und kurz dünsten, bis die Blätter einfallen. Mit Salz und Pfeffer abschmecken.

Den Backofen auf 190 °C (Umluft 170 °C, Gas Stufe 3) vorheizen. Vier Tarteletteförmchen oder Blinipfannen (Ø 10 bis 12 cm) erhitzen und mit den Kartoffelscheiben auslegen (das Erhitzen verhindert, dass die Kartoffelscheiben an den Förmchen ankleben). Dabei die Enden der Kartoffelscheiben großzügig über den Rand der Förmchen lappen lassen. Überschüssige Butter von den Kartoffeln abtupfen. Die Mangoldblätter über die Kartoffelscheiben schichten, darüber die Käsefüllung verteilen und die Zwiebel darauf legen. Die überstehenden Enden der Kartoffelscheiben einschlagen, so dass sie die Füllung vollständig bedecken. Leicht anpressen und die Förmchen auf ein Backblech legen. 25 bis 30 Minuten backen, bis die Kartoffeln goldbraun und knusprig sind. Etwas abkühlen lassen und die Briks aus den Förmchen auf vorgewärmte Teller stürzen. Warm stellen.

Für die Sauce die Brühe und die Sahne zusammen aufkochen und um ein Drittel einkochen lassen. Die Kräuter hinzufügen, mit Salz und Pfeffer abschmecken und um die Briks gießen.

Kartoffel-Brik, der vor dem Stürzen etwas abgekühlt und dann mit einer delikaten Kräutersauce gereicht wird.

Kartoffel-Topinambur-Gratin mit Senf und Zitrone

Eigentlich schade, dass Topinambur so wenig Beachtung findet. Dabei sind die angenehm nussig schmeckenden Knollen sehr vielseitig und können genauso verwendet werden wie Kartoffeln: Man kann sie z. B. frittieren, kochen oder backen. Das Rezept vereint Topinambur und Kartoffeln zu einem cremig weichen, knusprigen und mit Senf abgerundeten Gratin.

450 g sehr kleine Neue Kartoffeln
200 g Topinambur, geschält
2 EL Olivenöl
½ Zwiebel, fein gehackt
1 Knoblauchzehe, zerdrückt
2 EL gehackte Petersilie
350 g Sahne
1 EL grober Senf (Moutarde de Meaux)
Fein geriebene Schale von 1 unbehandelten Zitrone
Frisch geriebene Muskatnuss
50 g Greyerzer-Käse, gerieben
Salz und frisch gemahlener schwarzer Pfeffer

Den Backofen auf 180 °C (Umluft 160 °C, Gas Stufe 2–3) vorheizen. Die Neuen Kartoffeln und die Topinamburknollen getrennt in kochendem gesalzenem Wasser 8 bis 10 Minuten vorkochen und in einem Durchschlag abtropfen lassen. Etwas abkühlen lassen und schälen.

Das Öl in einer Pfanne erhitzen. Zwiebeln, Knoblauch und Petersilie dazugeben und bei schwacher bis mittlerer Hitze weich dünsten. Sahne, Senf und Zitronenschale hinzufügen und kurz zum Kochen bringen. Mit Salz und Pfeffer abschmecken.

Große Kartoffeln und Topinamburknollen halbieren, kleinere ganz lassen. In einer gebutterten Gratinform gleichmäßig verteilen, die Senfsauce darüber gießen, mit dem Käse bestreuen und in 30 Minuten goldbraun backen, bis der Käse Blasen wirft.

Süsskartoffel-Auberginen-Gratin

Ein Rezept für eine fleischlose Lasagne, die nicht mit Pasta, sondern mit dünn geschnittenen Süßkartoffelscheiben zubereitet wird.

3 Süßkartoffeln mit hellem Fruchtfleisch, geschält und diagonal in 5 mm dicke Scheiben geschnitten
3 große Auberginen, diagonal in 1 cm dicke Scheiben geschnitten
4 EL Olivenöl
1 Knoblauchzehe, zerdrückt
250 g Ricotta-Käse
3 EL Sahne
2 Eier, verquirlt
25 g Parmesan, frisch gerieben
100 g Cheddar-Käse, gerieben
Salz und frisch gemahlener schwarzer Pfeffer

Für die Tomatensauce:
1 EL Olivenöl
1 Zwiebel, fein gehackt
1 Knoblauchzehe, zerdrückt
2 EL Weißwein
2 Dosen Tomaten (à 400 g), gehackt
1 Lorbeerblatt

Für die Basilikumsauce:
25 g Butter
25 g Mehl
600 ml Vollmilch
3 EL gehacktes Basilikum

Die Süßkartoffelscheiben auf ein gefettetes Backblech legen und in 10 bis 12 Minuten weich backen. Abkühlen lassen. Die Auberginenscheiben mit Olivenöl und Knoblauch anmachen und auf ein Backblech legen. Salzen und pfeffern und in 20 Minuten weich backen.

Für die Tomatensauce das Öl in einer Pfanne erhitzen. Zwiebeln und Knoblauch dazugeben und glasig dünsten. Den Weißwein dazugießen und zum Kochen bringen. Die Tomaten und das Lorbeerblatt zugeben und 20 Minuten kochen lassen. Mit Salz und Pfeffer abschmecken.

Für die Basilikumsauce die Butter in einem Topf zerlassen. Mehl hineingeben und unter ständigem Rühren einige Minuten anschwitzen. Die Milch nach und nach zugießen und zum Kochen bringen. Unter häufigem Rühren leicht aufwallen lassen, bis die Sauce bindet. Abschmecken und das Basilikum unterheben.

Die Ricotta mit der Sahne, den Eiern und dem Parmesan vermischen und mit Salz und Pfeffer abschmecken.

Den Backofen auf 190 °C (Umluft 170 °C, Gas Stufe 3) vorheizen. Ein Drittel der Tomatensauce auf dem Boden einer Gratinform (ca. 30 x 30 cm) verteilen. Mit der Hälfte der Süßkartoffelscheiben bedecken und gut würzen. Eine weitere Schicht Tomatensauce darüber geben, gefolgt von der Hälfte der Auberginen. Die Hälfte des Käses darüber streuen. Dann die Ricottamasse gleichmäßig darauf verteilen und die restlichen Süßkartoffelscheiben darüber schichten. Die restliche Tomatensauce darauf verteilen und mit den übrigen Auberginen bedecken. Die Basilikumsauce darüber verteilen, den letzten Käse darüber streuen und in 15 bis 20 Minuten goldbraun backen. In der Form servieren.

Janssons frestelse

Laut Überlieferung hat dieses schwedische Gericht einen religiösen Fanatiker dazu gebracht, sein Gelübde zu brechen, in dem er sich auferlegt hatte, irdischen Freuden zu entsagen – daher der Name „Janssons Versuchung". Wie auch immer es sich zugetragen haben mag, das Gericht ist eine Sünde wert!

25 g Butter und 1 EL Butter zum Einfetten der Gratinform
2 Zwiebeln, in dünne Scheiben geschnitten
2 Knoblauchzehen, zerdrückt
6 Anchovifilets, gehackt
750 g festkochende Kartoffeln, geschält und in dünne Scheiben geschnitten
600 g Sahne
150 ml Vollmilch
75 g frische weiße Brotkrumen (etwa 4 Scheiben Toastbrot, entrindet und in einer Küchenmaschine fein zerkleinert oder sehr fein gehackt
Frisch gemahlener schwarzer Pfeffer

Den Backofen auf 190 °C (Umluft 170 °C, Gas Stufe 3) vorheizen. Eine Gratinform großzügig mit Butter einfetten. Die Butter in einem Topf erhitzen, Zwiebeln, Knoblauch und Anchovis dazugeben und 8 bis 10 Minuten andünsten, ohne dass die Zutaten dabei Farbe nehmen. Die Kartoffeln und die Zwiebelmischung abwechselnd in die Gratinform schichten und zwischen jeder Schicht etwas Pfeffer aus der Mühle darüber mahlen. Sahne und Milch verrühren und über die Kartoffeln gießen, die vollständig mit Flüssigkeit bedeckt sein sollten. Die Form mit Alufolie zudecken und 45 Minuten backen. Die Folie abnehmen, die Brotkrumen darüber streuen und die Form erneut in den Ofen schieben. Das Gratin backen, bis sich eine goldbraune Kruste bildet und das Gratin Blasen wirft.

Chili-Rellenos mit Kartoffel-Käse-Füllung

- 8 Poblano-Chillies
- Pflanzenöl zum Bestreichen
- 350 g Neue Kartoffeln, geschält
- 150 g fester Ziegenkäse, zerbröckelt
- 75 g Cheddar-Käse, gerieben
- 4 EL Saure Sahne
- Salz und frisch gemahlener schwarzer Pfeffer

Für die Sauce:

- 4 EL Pflanzenöl
- 2 rote Chilischoten, die Samen entfernt und gehackt
- 2 Knoblauchzehen, zerdrückt
- 4 Frühlingszwiebeln, gehackt
- 1 Dose geschälte Tomaten (400 g), gehackt
- 4 Maistortillas, gehackt
- 2 EL brauner Zucker
- 1 EL gehackter Oregano

Den Backofen auf 200 °C (Umluft 180 °C, Gas Stufe 3–4) vorheizen. Die Poblano-Chillies an der Spitze einschneiden, damit der Dampf während des Garens entweichen kann. Die Chillies mit etwas Öl bestreichen und 5 bis 10 Minuten im Ofen rösten, bis die Haut leicht verkohlt ist und Blasen wirft. Die Schoten in einen Gefrierbeutel geben, den Beutel verschließen und die Schoten 5 Minuten ausdampfen lassen. Die Haut mit einem kleinen Messer vorsichtig von den Chillies abziehen. Die Chillies aufschneiden und die Samen entfernen.

Die Kartoffeln in kochendem gesalzenem Wasser weich kochen. Abtropfen lassen und in eine Schüssel geben. Mit einer Gabel zerdrücken, den Ziegenkäse untermischen und mit Salz und Pfeffer abschmecken. Die Chillies mit der Masse füllen und nebeneinander in eine flache Backform legen.

Für die Sauce das Öl in einer Bratpfanne erhitzen. Die roten Chilischoten, Knoblauch und Frühlingszwiebeln dazugeben und einige Minuten dünsten. Die Tomaten, Tortillas, den braunen Zucker und Oregano hinzufügen und alles bei schwacher Hitze 10 Minuten kochen lassen. In einen Mixer umfüllen und zu einem groben Püree zerkleinern. Die Sauce über die gefüllten Poblano-Chillies gießen und 10 bis 15 Minuten backen. Mit dem geriebenen Cheddar bestreuen, die Saure Sahne darüber geben und servieren.

Mit Kartoffeln und Käse gefüllte Chili-Rellenos, ehe die Sauce vor dem Backen darüber gegossen wird.

Die beste Ofenkartoffel

4 große mehlige Kartoffeln

4 EL grobes Meersalz

50 g Butter

Frisch gestoßener schwarzer Pfeffer

Den Backofen auf 200 °C (Umluft 180 °C, Gas Stufe 3–4) vorheizen. Die Kartoffeln mit einer kleinen Bürste unter fließend kaltem Wasser gründlich abbürsten, um Erde und Schmutz zu entfernen. Trockentupfen und mit einem kleinen Messer von allen Seiten einstechen. Das grobe Salz auf ein Backblech streuen und die Kartoffeln darauf legen. Je nach Größe in 1 bis 1 1/4 Stunden weich backen.

Die Kartoffeln aus dem Ofen nehmen, jede kreuzweise einschneiden und leicht drücken, um sie zu öffnen. Eine Butterflocke auf jede Kartoffel geben und mit gestoßenem schwarzem Pfeffer und Meersalz bestreuen.

so geht's die beste ofenkartoffel

füllungen für ofenkartoffeln

Lauch, Senf und Petersilie

4 große mehlige Kartoffeln
3 EL Olivenöl
1 große Stange Lauch, fein gehackt
2 EL grober Senf (Moutarde de Meaux)
100 g reifer Cheddar-Käse, gerieben
4 EL Sahne
25 g Butter
3 EL gehackte glatte Petersilie
Salz und frisch gemahlener schwarzer Pfeffer

Die Kartoffeln weich backen (Rezept Seite 70) und von jeder einen Deckel abschneiden. Das Fruchtfleisch vorsichtig herauslöffeln, so dass nur ein dünner Mantel übrig bleibt. Das Fruchtfleisch in eine Schüssel geben.

Olivenöl in einem Topf erhitzen, Lauch hineingeben und in 8 bis 10 Minuten weich dünsten. Lauch mit Senf, Käse und Sahne zu der Kartoffelmasse geben und gut vermischen. Butter und Petersilie unterheben. Mit Salz und Pfeffer abschmecken und die Kartoffeln mit der Mischung füllen. Im Ofen erneut einige Minuten erhitzen und servieren.

Kretischer Feta, Oliven, geröstete Pinienkerne und Oregano

4 große mehlige Kartoffeln
50 g Butter
4 EL Olivenöl
100 g kretischer Feta, in 5 mm große Würfel geschnitten
2 EL Korinthen, 30 Minuten in heißem Wasser eingeweicht und abgetropft
2 EL Pinienkerne, geröstet
6 grüne Oliven, entsteint und gehackt
2 EL Oregano, gehackt
Salz und frisch gemahlener schwarzer Pfeffer

Die Kartoffeln weich backen (Rezept Seite 70) und von jeder einen Deckel abschneiden. Das Fruchtfleisch vorsichtig herauslöffeln, so dass nur ein dünner Mantel übrig bleibt. Das Fruchtfleisch in eine Schüssel geben. Butter und Öl dazugeben und die Kartoffelmasse mit einer Gabel leicht zerdrücken. Die ausgehöhlten Kartoffeln damit füllen und die Kartoffeln 5 bis 6 Minuten im Ofen erneut erhitzen und servieren.

Mozzarella, Basilikum und Tomaten

4 große mehlige Kartoffeln
8 Knoblauchzehen, mit Schale
2 EL Olivenöl
4 Hände voll Basilikum, grob gehackt
100 g sonnengereifte Tomaten, in kleine Stücke geschnitten
250 g Büffelmozzarella, in 5 mm große Würfel geschnitten
Salz und frisch gemahlener schwarzer Pfeffer

Die Kartoffeln weich backen (Rezept Seite 70). Inzwischen die Knoblauchzehen auf ein Backblech legen, das Öl darüber träufeln und den Knoblauch 25 bis 30 Minuten im Ofen goldbraun rösten. Die Haut entfernen und das Fruchtfleisch in einer Schüssel grob zerstoßen. Basilikum, Mozzarella und Tomaten hinzufügen, salzen und pfeffern.

Die Kartoffeln kreuzweise einschneiden und etwas öffnen. Mit der Käse-Tomaten-Mischung füllen und 8 bis 10 Minuten im Ofen erneut erhitzen, bis die Mozzarella Blasen wirft.

füllungen für ofenkartoffeln

dolcelatte, frühlings-zwiebel und schnittlauch

4 große mehlige Kartoffeln
150 g Dolcelatte-Käse (Blauschimmelkäse)
4 EL Sahne
50 g Butter
2 Eigelbe
1 EL Schnittlauch, geschnitten
6 Frühlingszwiebeln, fein geschnitten
Salz und frisch gemahlener schwarzer Pfeffer

Die Kartoffeln weich backen (Rezept Seite 70) und von jeder einen Deckel abschneiden. Das Fruchtfleisch vorsichtig herauslöffeln und in eine Schüssel geben. Den Dolcelatte, Sahne und Butter gründlich mit den noch heißen Kartoffeln vermischen. Eigelbe, Schnittlauch und Frühlingszwiebeln hinzufügen, salzen und pfeffern. Die ausgehöhlten Kartoffeln damit füllen und im Ofen goldbraun backen.

spargel, wild-pilze, pecorino und gebackene eier

4 große mehlige Kartoffeln
50 g Butter
6 mitteldicke grüne Spargelstangen
2 EL Olivenöl
75 g Totentrompeten oder Pfifferlinge, in grobe Würfel geschnitten
4 Eier
4 EL Sahne
75 g Pecorino-Käse, gerieben
Salz und frisch gemahlener schwarzer Pfeffer

Die Kartoffeln weich backen (Rezept Seite 70) und von jeder einen Deckel abschneiden. Das Fruchtfleisch herauslöffeln und in eine Schüssel geben. Mit der Butter leicht zerstampfen.

Die Spargelstangen in kochendem Wasser 3 Minuten garen, gut abtropfen lassen und klein hacken. Das Olivenöl in einem Topf erhitzen, Spargel und Pilze dazugeben und bei mittlerer Hitze 2 bis 3 Minuten anschwitzen. Zu den Kartoffeln geben und mit Salz und Pfeffer abschmecken. Die ausgehöhlten Kartoffeln damit füllen.

Mit dem Rücken eines Löffels ein Mulde in die Füllung drücken und ein Ei in jede Mulde schlagen. 1 Esslöffel Sahne über jedes Ei geben und mit dem Pecorino bestreuen. Die Kartoffeldeckel darauf legen und im Ofen 10 bis 12 Minuten backen, bis die Eier fest geworden sind.

geräuchertes cheddar-soufflé

4 große mehlige Kartoffeln
25 g Butter
25 g Mehl
150 ml Vollmilch
4 EL Bier
1 TL englisches Senfpulver
2 Spritzer Worcestersauce
125 g geräucherter Cheddar-Käse, gerieben
3 Eier, getrennt
1 EL Schnittlauch, geschnitten
Salz und frisch gemahlener schwarzer Pfeffer

Die Kartoffeln weich backen (Rezept Seite 70) und von jeder einen Deckel abschneiden. Das Fruchtfleisch vorsichtig herauslöffeln, in eine Schüssel geben und zerstampfen.

Die Butter in einem Topf zerlassen, Mehl dazugeben und unter ständigem Rühren 1 Minute anschwitzen. Die Milch unter Rühren nach und nach dazugießen und zum Kochen bringen. Kochen lassen, bis sich eine dicke Sauce bildet. Bier, Senfpulver und Worcestersauce dazugeben, den geriebenen Käse unterrühren und 2 bis 3 Minuten kochen lassen, bis der Käse geschmolzen ist. Mit Salz und Pfeffer würzen. Die Sauce unter die zerstampften Kartoffeln rühren, die Eigelbe dazugeben und die Masse mit Salz und Pfeffer abschmecken. Die Eiweiße steif schlagen und mit einem Kochlöffel unter die Masse heben.

Die ausgehöhlten Kartoffeln vorsichtig mit der Soufflémasse füllen. 25 Minuten im Ofen backen, bis die Kartoffelsoufflés goldbraun und aufgegangen sind. Abschließend mit dem Schnittlauch garnieren und servieren.

Saure Sahne, geräucherte Makrele und Meerrettich

4 große mehlige Kartoffeln

2 Eigelbe

4 EL Saure Sahne

2 EL Sahnemeerrettich

150 g geräuchertes Makrelenfilet, die Haut entfernt

Eine kleine Hand voll Rucola, grob gehackt

Salz und frisch gemahlener schwarzer Pfeffer

Die Kartoffeln weich backen (Rezept Seite 70) und von jeder einen Deckel abschneiden. Das Fruchtfleisch vorsichtig herauslöffeln, in eine Schüssel geben und zerstampfen. Die Eigelbe, Saure Sahne und den Meerrettich untermischen. Das Makrelenfilet zerpflücken und unter die Kartoffelmasse mischen. Die Rucolablätter zugeben und die Füllung mit Salz und Pfeffer abschmecken. Die ausgehöhlten Kartoffeln damit füllen und in 5 bis 6 Minuten goldbraun backen.

Kleine Ofenkartoffeln mit saurer Sahne und Kaviar

Ein einfaches und doch extravagantes Amuse-Gueule. Passt auch sehr gut zu Fisch.

24 kleine Neue Kartoffeln

2 EL Schnittlauch, geschnitten

100 g Saure Sahne

10 g Sevruga-Kaviar

Die Kartoffeln je nach Größe 20 bis 30 Minuten weich backen (Rezept Seite 70). Jede Kartoffel oben kreuzweise einschneiden und mit Daumen und Zeigefinger leicht drücken, damit sie sich öffnet. Schnittlauch und Saure Sahne verrühren und auf die Kartoffeln löffeln. Mit dem Kaviar garnieren und sofort servieren.

marokkanische kartoffelschnitze

Ein sehr würziger und schmackhafter Imbiss, obgleich er nicht wirklich der marokkanischen Küche entstammt. Kurz bevor ich die Kartoffelschnitze aus dem Ofen nehme, streue ich ein bisschen geriebenen Cheddar darüber.

650 g große mehlige Kartoffeln
100 ml Olivenöl
1 EL gute Harissapaste
1/2 TL gemahlener Kreuzkümmel (Kumin)
1/2 TL gemahlener Koriander
1/2 TL Zimtpulver
1/4 TL Kurkuma (Gelbwurz)
2 Knoblauchzehen, zerdrückt
75 g Cheddar-Käse, gerieben
Salz und frisch gemahlener schwarzer Pfeffer

Den Backofen auf 220 °C (Umluft 190 °C, Gas Stufe 4–5) vorheizen. Die Kartoffeln mit Schale in 2 cm dicke Schnitze schneiden, gründlich waschen und mit einem sauberen Küchentuch trockentupfen. Die Schnitze auf einem großen Backblech verteilen.

Die restlichen Zutaten, mit Ausnahme des Käses, vermischen und über die Schnitze gießen. Die Kartoffelschnitze von allen Seiten darin wenden und in den Ofen schieben. In etwa 35 Minuten goldbraun und knusprig backen. Kurz vor dem Ende der Garzeit die Schnitze mit dem geriebenen Käse bestreuen und kurz backen, bis der Käse geschmolzen ist und Blasen wirft.

so geht's die leckerste Röstkartoffel

Wie bei allen einfachen Dingen lohnt es sich, diese gründlich und gut zu machen. Hier einige Tipps, wie man perfekte Röstkartoffeln zubereitet.

Mehlige Kartoffeln, wie Bintje, Datura, Maritta und Ulla, sind nach dem Garen locker, während fest kochende Sorten eine glattere, festere Konsistenz besitzen. Ich nehme sehr gerne mehlige Kartoffeln, aber beide Arten eignen sich gleich gut.

- Die Kartoffeln vor dem Garen schälen und nicht zu lange in kaltem Wasser stehen lassen.
- Das Vorgaren der Kartoffeln vor dem Rösten verkürzt die Garzeit im Backofen und bewirkt, dass die Röstkartoffeln an der Außenseite knuspriger werden.
- Achten Sie darauf, dass das Öl in der Reine sehr heiß (fast schon rauchend) ist, bevor Sie die Kartoffeln hineingeben. Sie dürfen allerdings auch nicht verbrennen. Ist das Öl nicht heiß genug, werden die Kartoffeln fettig.
- Um wirklich knusprige Röstkartoffeln zu erhalten, müssen die Kartoffeln absolut trocken sein, bevor man sie ins heiße Öl gibt.
- Die Kartoffeln nicht wenden, bevor sie nicht auf einer Seite goldbraun sind.
- Würzen Sie die Röstkartoffeln erst, wenn sie fertig sind. Durch zu frühes Salzen werden sie matschig.
- Servieren Sie die Röstkartoffeln sofort, wenn sie aus dem Ofen kommen, dann sind sie am knusprigsten.
- Ich bereite Röstkartoffeln auch gerne zusammen mit Fleisch zu, so dass sie die Aromen des Bratens aufnehmen können. Allerdings können die Kartoffeln dadurch etwas matschig werden. Möchte man wirklich knusprige Röstkartoffeln, röstet man sie am besten auf einem separaten Backblech oder in einer extra Form oder Reine.

Röstkartoffeln

750 g mehlige Kartoffeln, geschält und in große, gleichmäßige Stücke geteilt
4 EL Pflanzenöl (oder Bratenfett)
Salz und frisch gemahlener schwarzer Pfeffer

Den Backofen auf 200 °C (Umluft 180 °C, Gas Stufe 3–4) vorheizen. Die Kartoffeln in einen Topf geben, mit kaltem Wasser bedecken, leicht salzen und zum Kochen bringen. Die Hitze reduzieren und in 10 bis 15 Minuten fast weich garen. Abtropfen und 5 Minuten trocknen lassen.

Das Öl in einer großen Reine stark erhitzen. Die Kartoffeln hineingeben und wenden, damit sie gleichmäßig mit dem Fett überzogen werden. In 30 bis 40 Minuten im Ofen goldbraun und knusprig rösten, nach etwa 20 Minuten wenden. Mit Salz und Pfeffer würzen und servieren.

Tipp

BEREITEN SIE IHR EIGENES AROMATISCHES KNOBLAUCHSALZ ZU. Dazu die Zehen einer Knoblauchknolle schälen und auf einer Küchenmandoline dünn schneiden. Den Knoblauch auf einem beschichteten Backblech verteilen und im Ofen (120 °C, Gas Stufe 1) 3 bis 4 Stunden backen, bis die Scheiben verdorrt und trocken sind. Abkühlen lassen und mit 100 Gramm grobem Meersalz im Mixer etwa 30 Sekunden zerkleinern. Nicht zu lange mixen, sonst wird das Salz zu fein. In einem luftdicht verschlossenen Behälter bleibt das Knoblauchsalz lange haltbar.

Varianten

- *1 Esslöffel getrocknete oder frische Kräuter zu den Kartoffeln geben, bevor sie in den Ofen kommen.*
- *Machen Sie die Kartoffeln mit einem Gewürz Ihrer Wahl an, z. B. Cajun-Gewürzmischung, Szechuanpfeffer, Paprika oder Knoblauchsalz (siehe Tipp oben).*

Röstkartoffeln mit Kräutern der Provence

Eigentlich bin ich kein großer Freund von getrockneten Kräutern, aber bei Röstkartoffeln wie diesen, mache ich eine Ausnahme. Sie passen ausgezeichnet zu Lammkoteletts, die vor dem Grillen etwa 1 Stunde in Olivenöl, zerdrücktem Knoblauch, Rosmarin und Orangenschale mariniert wurden.

12 mittelgroße Ofenkartoffeln
4 EL Olivenöl
1 TL getrocknete Kräuter der Provence
Grobes Salz und frisch gemahlener schwarzer Pfeffer

Den Backofen auf 200 °C (Umluft 180 °C, Gas Stufe 3–4) vorheizen. Die ungeschälten Kartoffeln längs halbieren und die Schnittflächen kreuzweise einschneiden. Mit der Schnittfläche nach oben auf ein Backblech setzen, Olivenöl darüber träufeln, salzen und pfeffern und mit den Kräutern bestreuen. In 45 bis 50 Minuten goldbraun und knusprig backen.

Rote Röstkartoffeln mit Chili-Meerrettich-Crème-fraîche

500 g kleine Rote Kartoffeln
4 EL Olivenöl
8 Zweige Thymian
2 EL frisch geriebener Meerrettich
100 g Crème fraîche
1 große rote Chilischote, die Samen entfernt und gehackt
2 EL Schnittlauch, geschnitten
Salz und frisch gemahlener schwarzer Pfeffer

Den Backofen auf 200 °C (Umluft 180 °C, Gas Stufe 3–4) vorheizen. Die Kartoffeln ungeschält und im Ganzen auf ein großes Backblech legen. Das Olivenöl darüber träufeln. Salzen und pfeffern und die frischen Thymianzweige zwischen die Kartoffeln stecken. In 35 bis 40 Minuten goldbraun backen. Etwas abkühlen lassen. Inzwischen Meerrettich, Crème fraîche, Chili und Schnittlauch vermischen und mit Salz und Pfeffer abschmecken. Die gebackenen Kartoffeln halbieren, auf einer Servierplatte anrichten und die Chili-Meerrettich-Crème-fraîche darüber geben.

geröstete süßkartoffeln mit kardamom, chili und zimt

tipp

ZWAR IST FERTIG GEMAHLENER KARDAMOM FAST ÜBERALL ERHÄLTLICH, doch verflüchtigt sich sein intensives Aroma relativ schnell. Der einfachste und schnellste Weg, Kardamom selbst zu mahlen, ist, die ganzen Kapseln 30 Sekunden in einer elektrischen Gewürzmühle zu zerkleinern. In ein feines Sieb umfüllen und die gemahlenen Samen durchsieben. Die Kapseln bleiben im Sieb zurück.

Den Backofen auf 200 °C (Umluft 180 °C, Gas Stufe 3–4) vorheizen. Die Süßkartoffeln mit den zerstoßenen Kardomomkapseln, Nelken, der Zimtstange und den Lorbeerblättern mischen. Das Öl und die Hälfte der Butter in einer feuerfesten Pfanne erhitzen. Die Süßkartoffeln und die Gewürze hineingeben und 5 Minuten im heißen Fett wenden. Die Pfanne in den Ofen schieben und die Süßkartoffeln in 30 bis 35 Minuten goldbraun backen.

Die Gewürze entfernen, die restliche Butter, Chilisauce und etwas Salz dazugeben und mit den Süßkartoffeln gut mischen.

600 g Süßkartoffeln mit orangefarbenem Fruchtfleisch, geschält und in 1 cm große Würfel geschnitten
6 schwarze Kardamomkapseln, zerstoßen (siehe Tipp)
3 Nelken
1 Zimtstange
2 kleine Lorbeerblätter
2 EL Pflanzenöl
50 g Butter
2 EL scharfe Chilisauce
Salz

tikka-masala-kartoffeln

Den Backofen auf 200 °C (Umluft 180 °C, Gas Stufe 3–4) vorheizen. Die Kartoffeln in einem Topf mit kochendem gesalzenem Wasser in 5 bis 8 Minuten halb gar kochen, so dass sie noch relativ fest sind. In einem Durchschlag abtropfen lassen.

Das Ghee oder die geklärte Butter in einer Reine auf dem Herd erhitzen. Senfsamen, Kardamomkapseln, Schwarzkümmel, Ingwer, Chili, Curryblätter und Kurkuma für 2 Minuten leicht darin rösten. Die Kartoffeln dazugeben und von allen Seiten mit den Gewürzen überziehen. Das Wasser dazugießen und erneut rühren. In den Ofen schieben und in 20 bis 25 Minuten goldbraun und knusprig rösten. Mit Salz und Pfeffer abschmecken und sofort servieren.

650 g kleine fest kochende Kartoffeln, je nach Größe im Ganzen oder halbiert und geschält
75 g Ghee oder geklärte Butter (Tipp Seite 153)
1/2 TL schwarze Senfsamen
1 TL Koriandersamen, fettfrei leicht rösten
8 schwarze Kardamomkapseln, zerstoßen (siehe Tipp)
1/4 TL Schwarzkümmel (Schwarze Zwiebelsamen)
2,5 cm frische Ingwerwurzel, fein gehackt
1 grüne Chilischote, die Samen entfernt und fein gehackt
6 frische Curryblätter
1 Msp. Kurkuma (Gelbwurz)
100 ml Wasser
Salz und frisch gemahlener Pfeffer

Tikka-Masala-Kartoffeln frisch aus dem Ofen

Lorbeerkartoffeln mit Rosmarin und Olivenöl

Den Backofen auf 200 °C (Umluft 180 °C, Gas Stufe 3–4) vorheizen. Jede Kartoffel im Abstand von 1 cm mehrfach tief quer einschneiden. Mindestens 1 cm belassen, damit die Kartoffeln beim Backen nicht auseinander fallen. Salzen und pfeffern und mehrere Lorbeerblätter in die Einschnitte jeder Kartoffel stecken. Die Kartoffeln in eine Reine legen, das Olivenöl darüber träufeln und mit etwas zerlassener Butter bestreichen. Im Backofen in 30 bis 40 Minuten rösten.

8 große Neue Kartoffeln
16 Lorbeerblätter
3 EL Olivenöl
75 g Butter, zerlassen
4 Zweige Rosmarin, die Nadeln abgestreift
Grobes Salz und frisch gemahlener schwarzer Pfeffer

Die gebackenen Kartoffeln mit der übrigen Butter bestreichen, die Rosmarinnadeln darüber streuen und erneut 10 bis 15 Minuten im Ofen backen, bis die Kartoffeln goldbraun sind. Aus der Reine nehmen und mit grobem Salz bestreuen.

Variante

100 Gramm Pancetta (oder geräucherten Bauchspeck) in Streifen schneiden und mit einigen geschälten ganzen Knoblauchzehen vor dem Beträufeln mit Öl in die Reine geben.

WER KÖNNTE knusprigen und unvergleichlich köstlichen, gebratenen und frittierten Kartoffeln widerstehen? Fast könnte man meinen, sie sind nur erfunden worden, um uns von einer gesunden Ernährung abzuhalten. Dabei sind sie gar nicht so fetthaltig, wie man vielleicht denkt. Wenn das Frittierfett die richtige Temperatur hat, werden die Kartoffeln schnell „versiegelt“ und saugen sich nicht allzu sehr mit Fett voll. Frittierte Kartoffeln sollte man zudem stets gut auf Küchenkrepp abtropfen lassen.

In diesem Kapitel erfahren Sie, wie man Bratkartoffeln und Pommes frites perfekt zubereitet; darüber hinaus stellen wir leckere Varianten vor. Bratkartoffeln sind eine tolle Beilage zu gegrilltem Fleisch und Fisch, aber auch als selbstständige Mahlzeit unglaublich köstlich. Versuchen Sie Bubble and Squeak (Seite 86), Bratkartoffeln mit Tomaten-Tapenade und Spiegelei (Seite 85) oder zypriotische Hash browns (Seite 88).

Wie so viele Kartoffelgerichte lassen sich auch Kartoffelbeignets und -kuchen ideal mit anderen Aromen und Zutaten verbinden. Sie harmonieren besonders mit indischen Gewürzen. Probieren Sie dazu Aloo tikki (Seite 98). Auch mediterrane Zutaten erlauben fantastische Kombinationen.

Bratkartoffeln, Beignets, Küchlein und Pommes frites

Bratkartoffeln

650 g mittelgroße fest kochende Neue Kartoffeln
4 EL Pflanzenöl
25 g Butter
1 EL gehackte Petersilie (nach Belieben)
Salz und frisch gemahlener schwarzer Pfeffer

Die Kartoffeln ungeschält im Ganzen in kochendem gesalzenem Wasser fast gar kochen. In einem Durchschlag abtropfen und etwas abkühlen lassen. Die Kartoffeln schälen und in ca. 1 cm dicke Scheiben schneiden.

Das Öl in einer großen Bratpfanne erhitzen. Die Kartoffelscheiben hineingeben und bei großer Hitze schnell Farbe nehmen lassen. Dabei die Kartoffeln erst wenden, wenn sie auf der unteren Seite gebräunt und knusprig sind. Die Butter hinzufügen und die Kartoffeln mit der aufschäumenden Butter gleichmäßig überziehen. Sobald die Bratkartoffeln goldbraun sind, mit Salz und Pfeffer abschmecken und in eine Servierschüssel umfüllen. Nach Belieben mit gehackter Petersilie bestreuen.

Klassische Lyoner Kartoffeln

Eine dünn geschnittene Zwiebel in Butter anschwitzen, leicht bräunen und vor dem Würzen unter die gebratenen Kartoffeln mischen. Früher wurden Lyoner Kartoffeln mit pürierten Zwiebeln zubereitet, heute sind kurz gebratene Zwiebeln die Regel.

Bratkartoffeln mit Wacholderbeeren, Rosmarin und Emmentaler

1 TL Wacholderbeeren
1 Rezept Bratkartoffeln (siehe links)
1 EL gehackter Rosmarin
40 g Emmentaler, in 5 mm große Würfel geschnitten
Salz und frisch gemahlener schwarzer Pfeffer

Die Wacholderbeeren im Mörser zu einem feinen Pulver zerstoßen. Die Bratkartoffeln wie beschrieben zubereiten und nach der Zugabe der Butter mit dem Wacholder, Salz und Pfeffer würzen. Rosmarin und Käse darüber streuen, untermischen und die Kartoffeln in eine Servierschüssel umfüllen.

so geht's köstliche Bratkartoffeln

Patatas catalan

1 rote Paprika, halbiert und die Samen entfernt
4 EL Olivenöl
75 g Chorizo- oder Merguezwurst, grob gehackt
1 Knoblauchzehe, zerdrückt
12 schwarze Oliven
1 Rezept Bratkartoffeln (Rezept Seite 84)
1 EL gehackte Petersilie
Salz und frisch gemahlener Pfeffer

Den Backofen auf 200 °C (Umluft 180 °C, Gas Stufe 3–4) vorheizen. Die Paprikahälften auf ein Backblech legen, mit der Hälfte des Olivenöls beträufeln und 20 bis 25 Minuten rösten, bis die Haut leicht verkohlt ist. Abkühlen lassen, die Haut abziehen und die Paprika in Streifen schneiden. Restliches Öl in einer Bratpfanne erhitzen. Wurst und Knoblauch dazugeben und in 1 Minute knusprig braten. Paprika und Oliven hinzufügen und gut mischen. Bratkartoffeln untermengen, erneut abschmecken und mit Petersilie garnieren.

Bratkartoffeln mit Artischocken und Rucola

3 kleine Artischocken
4 EL Olivenöl
50 g junger Rucola
6 Basilikumblätter
1 Rezept Bratkartoffeln (Rezept Seite 84)
Salz und frisch gemahlener Pfeffer

Die Artischocken entstielen, das obere Drittel abschneiden und äußere harte Blätter entfernen. Längs durchschneiden und das „Heu" (bartartige Fasern) herauskratzen. Die Artischocken in 1 cm dicke Scheiben schneiden.

Öl in einer großen Pfanne erhitzen. Die Artischocken hineingeben und 2 Minuten leicht anbraten. Rucola und Basilikum zugeben und 1 Minute garen, bis der Rucola zusammenfällt. Die Bratkartoffeln untermengen und alles mit Salz und Pfeffer abschmecken.

Bratkartoffeln mit Tomatentapenade und Spiegelei

In diesem Rezept verfeinere ich klassische Eier und Kartoffeln mit einer pikanten Tomaten-Tapenade, die man auch als Dip reichen kann.

2 EL Olivenöl
4 Eier von Freilandhühnern
1 Rezept Bratkartoffeln (Rezept Seite 84)
50 g Parmesan, gehobelt

Für die Tomaten-Tapenade:
50 g sonnengetrocknete Tomaten
20 g kleine Kapern
20 g grüne Oliven, entsteint
1 große Knoblauchzehe, zerdrückt
1 TL gehackter Rosmarin
1/2 TL Zitronensaft
2 EL Olivenöl

Für die Tapenade alle Zutaten in einem Mixer oder einer kleineren Küchenmaschine zu einem groben Püree zerkleinern und beiseite stellen.

Das Öl in einer Pfanne erhitzen und die Eier hineinschlagen. Die Tapenade über die Bratkartoffeln löffeln, die Spiegeleier darauf anrichten und mit dem Parmesan bestreut servieren.

Tipp

DIE TOMATEN-TAPENADE HALTEN SIE AM BESTEN IM KÜHLSCHRANK FRISCH. Lässt man sie ein bis zwei Tage stehen, können sich die Aromen besser entfalten.

Wachteleier sind eine interessante Alternative zu Hühnereiern. Die Zubereitung ist die Gleiche, nur die Garzeit verkürzt sich ein wenig.

Bubble and Squeak

Bis vor kurzer Zeit wurde Bubble and Squeak, ein Gericht aus übrig gebliebenen Kartoffeln vom Vortag, ausschließlich zu Hause zubereitet. Heute findet man es immer öfter auch auf Speisekarten von Restaurants. Den Wirsing können Sie auch durch Rosenkohl und Spinat ersetzen. Die Zugabe von knusprigen Speckstreifen entspricht zwar nicht der Tradition dieses Gerichts, ist aber eine köstliche Verfeinerung von Bubble and Squeak.

2 EL Olivenöl

40 g Butter

1 Zwiebel, fein gehackt

2 Knoblauchzehen, zerdrückt

100 g gekochter Wirsing, grob gehackt

450 g gekochte Kartoffeln, geschält

Salz und frisch gemahlener schwarzer Pfeffer

Öl und Butter in einer großen Bratpfanne erhitzen. Zwiebeln und Knoblauch dazugeben und weich dünsten. Den Wirsing hinzufügen, salzen und pfeffern und mit den restlichen Zutaten mischen. Die Kartoffeln hinzufügen, mit einer Gabel zerdrücken und leicht bräunen. Abschmecken und servieren.

Tipp

SELBSTGEMACHTE FRISCHE BROTKRUMEN SIND IM HANDUMDREHEN ZUBEREITET und nicht zu vergleichen mit staubtrockenen Semmelbröseln. Dazu ein paar Scheiben Toast entrinden, in eine Küchenmaschine geben und in mehreren kurzen Schüben fein zerkleinern. Fertig!

Kartoffelwürfel mit Speck und Kräuter-Gremolata

Die Kartoffeln in einen Topf füllen, mit kaltem Wasser bedecken, leicht salzen und zum Kochen bringen. Die Hitze reduzieren und die Kartoffeln halb gar kochen. In einem Durchschlag abtropfen und etwas abkühlen lassen.

Kräuter, Zitronenschale und Brotkrumen vermischen und mit Salz und Pfeffer würzen. Die Kartoffeln salzen und pfeffern, durch die geschlagenen Eiweiße ziehen und in den Kräutern wenden.

Eine Pfanne ohne Fett erhitzen. Die Speckwürfel darin knusprig braten. Mit einem Schaumlöffel herausnehmen und warm stellen. Das abtropfende Öl auffangen und in die heiße Pfanne zurückgießen. Die Kartoffeln hineingeben und von allen Seiten goldbraun braten. Die Speckwürfel dazugeben, unter die Kartoffeln mengen und servieren.

650 g kleine Ofenkartoffeln, geschält und in 1 cm große Würfel geschnitten

4 EL gehackte gemischte Kräuter, wie Estragon, Petersilie und Schnittlauch

Fein geriebene Schale von 1/2 Zitrone

100 g frische Brotkrumen

2 Eiweiße, leicht geschlagen

125 g geräucherter, durchwachsener Bauchspeck, in kleine Würfel geschnitten

3 EL Pflanzenöl

Salz und frisch gemahlener schwarzer Pfeffer

Kartoffelwürfel mit Speck und Kräuter-Gremolata

Zypriotische Hash Browns mit Haloumi-Käse im Pittabrötchen

Hash browns ist die amerikanische Bezeichnung für Bratkartoffeln. Außerhalb Amerikas bereitet man sie meist aus geriebenen gekochten Kartoffeln zu. In ihrem Ursprungsland mag man Hash browns gern etwas rustikaler, aus gewürfelten Kartoffeln. Bei diesem Rezept sind sie Bestandteil eines mit zypriotischem Käse gefüllten Sandwiches.

450 g mehlige Kartoffeln
1 rote Zwiebel, gehackt
1 TL gehackter Oregano
1 Knoblauchzehe, zerdrückt
10 schwarze Oliven, entsteint und gehackt
6 EL Olivenöl
12 Scheiben Haloumi-Käse (ersatzweise italienischer Scamorza)
4 Pittabrötchen
Salz und frisch gemahlener schwarzer Pfeffer

Für das Dressing:
4 EL Olivenöl
Saft von 1 Zitrone
1 EL sehr kleine Kapern
2 EL Sherryessig
1 EL Schnittlauch, geschnitten

Die ungeschälten Kartoffeln in einen Topf geben und mit kaltem Wasser bedecken. Leicht salzen und zum Kochen bringen. Die Hitze reduzieren und die Kartoffeln gar kochen. In einem Sieb abtropfen und abkühlen lassen. Die Kartoffeln schälen und in 1 cm dicke Scheiben schneiden. In eine Schüssel geben. Zwiebeln, Oregano, Knoblauch und Oliven dazugeben und mit Salz und Pfeffer abschmecken.

Alle Zutaten für das Dressing miteinander vermischen und mit Salz und Pfeffer abschmecken.

Die Hälfte des Öls in einer Pfanne stark erhitzen. Die Kartoffelmischung hineingeben und unter gelegentlichem Wenden braten, bis die Kartoffeln von allen Seiten knusprig und goldbraun sind. Vom Herd nehmen und warm stellen.

Eine gerillte Grillpfanne bis kurz vor dem Rauchpunkt erhitzen. Die Haloumi-Scheiben durch das restliche Olivenöl ziehen und würzen. 1 bis 2 Minuten von beiden Seiten scharf anbraten, bis sie gebräunt sind und deutliche Grillspuren zeigen.

Die Pittabrötchen kurz in der Grillpfanne erhitzen und seitlich weit öffnen, jedoch nicht durchschneiden. Mit den Hash browns füllen und die gegrillten Haloumi-Scheiben darauf legen. Das Dressing darüber träufeln, die Pittabrötchen zuklappen und genießen!

tortilla basquaise

- 4 EL natives Olivenöl
- 400 g Désirée-Kartoffeln, geschält und in dünne Scheiben geschnitten
- 1 Zwiebel, dünn geschnitten
- 75 g Chorizowurst, die Pelle entfernt und die Wurst dünn geschnitten
- 5 große Eier
- 1 Msp. Safranfäden, in 2 EL heißem Wasser eingeweicht
- Salz und frisch gemahlener schwarzer Pfeffer

Das Öl in einer Omelettpfanne (Ø etwa 20 cm) erhitzen. Die Kartoffeln hineingeben und 2 bis 3 Minuten braten. Zwiebeln dazugeben und mit den Kartoffeln goldbraun braten. Mit Salz und Pfeffer würzen und die Chorizowurst dazugeben. Zugedeckt bei schwacher Hitze unter gelegentlichem Wenden etwa 20 Minuten weich schmoren.

Die Eier mit den Safranfäden, der Einweichflüssigkeit und etwas Salz und Pfeffer verquirlen. Gleichmäßig über die Kartoffeln verteilen. Bei schwacher Hitze ohne Deckel 8 bis 10 Minuten garen, bis die Eier fest geworden sind (wenn nötig, die Pfanne dazu 1 bis 2 Minuten unter den heißen Grill des Ofens stellen). Mit einem Palettenmesser vorsichtig am inneren Rand der Pfanne entlangfahren und die Ränder der Tortilla lösen. Auf eine Platte stürzen. Leicht abkühlen lassen und portionieren. Dazu knackige Blattsalate servieren.

karamellisierte kartoffeln mit tomate, thymian und majoran

Ich habe schon immer eine besondere Schwäche für Süßes gehabt. Da ist dieses Kartoffelgericht genau das richtige. Seine Aromen erinnern an Südfrankreich und die getrockneten Tomaten harmonieren sehr gut mit dem Knoblauch und dem intensiv duftenden Majoran. Reichen Sie diese Kartoffeln als Beilage zu einer im Ofen gebratenen Lammkeule.

- 1 kg kleine Neue Kartoffeln, vorzugsweise Sieglinde oder Gloria
- 6 EL Olivenöl
- 50 g Butter
- 3 Zweige Thymian
- 3 Zweige Majoran
- 3 Knoblauchzehen, zerdrückt
- 1 kleine rote Chilischote, die Samen entfernt und fein gehackt
- 100 g getrocknete Tomaten, gehackt
- 2 TL Zucker
- Salz und frisch gemahlener schwarzer Pfeffer

Die Kartoffeln unter fließend kaltem Wasser gründlich abbürsten und mit einem sauberen Küchentuch gründlich trockentupfen. Das Olivenöl in einer großen schweren Pfanne erhitzen und die Kartoffeln hineingeben. Bei mittlerer Hitze unter gelegentlichem Wenden in 15 bis 20 Minuten leicht bräunen und fast fertig garen. Die Hitze reduzieren und Butter, Kräuter, Knoblauch, Chili und Tomaten dazugeben. Die Kartoffeln unter häufigem Wenden 3 bis 4 Minuten braten. Zucker darüber streuen und 1 bis 2 Minuten weiter braten, bis der Zucker karamellisiert. Mit Salz und Pfeffer abschmecken und servieren.

tipp

FÜR GETROCKNETE TOMATEN werden Eiertomaten halbiert, gesalzen und an der Sonne getrocknet, wodurch sie haltbar werden. Anschließend werden sie eingeweicht und mit Kräutern und Gewürzen in Öl eingelegt.

Gebratene Kartoffel-Früchte-Terrine

Diese ungewöhnliche Terrine passt besonders zu gebackenem Räucherschinken oder Wild. Am besten bereiten Sie sie ein bis zwei Tage im voraus zu. Dadurch wird nicht nur ihr Geschmack intensiver, sie lässt sich vor dem Braten auch leichter in Tranchen schneiden.

Für 8 bis 10 Personen

450 g durchwachsener Speck, in dünne Scheiben geschnitten, die Schwarte entfernt
4 EL Olivenöl
1 Zwiebel, fein gehackt
675 g fest kochende Kartoffeln
125g Trockenfrüchte, wie Pflaumen, Äpfel und Aprikosen, in 2 cm große Würfel geschnitten
3 Eier
100 g Sahne
2 EL Speisestärke
150 g Emmentaler oder Greyerzer-Käse, in 1 cm große Würfel geschnitten
Frisch geriebene Muskatnuss
25 g Butter
Salz und frisch gemahlener schwarzer Pfeffer

Den Backofen auf 180 °C (Umluft 160 °C, Gas Stufe 2–3) vorheizen. Die Speckscheiben mit dem Rücken eines Messers in die Länge ziehen. Eine Kasten- oder Terrinenform (Inhalt ca. 1 Liter) mit dem Speck auskleiden und die Enden der Speckscheiben leicht überstehen lassen.

Das Olivenöl in einer Pfanne erhitzen. Die Zwiebel dazugeben und goldbraun braten. Auf einen Teller geben und abkühlen lassen. Die Kartoffeln schälen und grob reiben. In ein sauberes Küchentuch geben und überschüssige Flüssigkeit herauspressen. In eine große Schüssel umfüllen und die Zwiebeln, Trockenfrüchte, Eier, Sahne, Speisestärke und zum Schluss den Käse untermischen. Alle Zutaten gründlich miteinander vermischen und mit Muskat, Salz und Pfeffer abschmecken. Die Masse gleichmäßig in der ausgekleideten Form verteilen. Die Speckenden darüber einschlagen und die Terrine mit einem leicht gefetteten Stück Alufolie zudecken. Etwa 1 1/2 Stunden im Ofen backen, bis die Terrine gar ist. Garpunkt mit einer Küchennadel prüfen. Dazu mit der Nadel tief in die Terrine einstechen. Beim Herausziehen darf nichts an der Nadel hängen bleiben. Die Terrine auskühlen lassen und in den Kühlschrank stellen.

Die Terrine stürzen. 2 cm dicke Tranchen abschneiden und von beiden Seiten in der Butter goldbraun und knusprig braten.

Knusprige Kartoffel-Ricotta-Beignets

Locker, leicht und mit viel Käse: Kartoffelbeignets, wie sie jeder mag. Ich serviere sie gerne als vegetarische Vorspeise. Ist keine Ziegenmilch-Ricotta erhältlich, nimmt man einfach gewöhnliche Ricotta.

450 g mehlige Kartoffeln, geschält und in größere Stücke geschnitten
40 g Butter
2 Eigelbe
120 ml Wasser
50 g Mehl, gesiebt
2 Eier
150 g Ziegenmilch-Ricotta
Öl zum Frittieren
Salz und frisch gemahlener schwarzer Pfeffer

Die Kartoffeln in einen Topf füllen und mit kaltem Wasser bedecken. Zum Kochen bringen, die Hitze reduzieren und die Kartoffeln weich kochen. In einem Durchschlag gut abtropfen lassen. Zurück in den Topf füllen und die Kartoffeln bei schwacher Hitze ausdampfen lassen. Mit 15 Gramm Butter fein zerstampfen und die Eigelbe untermischen. Warm stellen.

Die übrige Butter mit dem Wasser und etwas Salz in einen Topf geben. Zum Kochen bringen, so dass die Butter schmilzt. Das Mehl hineinrieseln lassen und mit einem Holzspatel gut untermischen, bis eine glatte Masse entsteht, die sich vom Topf löst. Bei schwacher Hitze 1 Minute ständig rühren. Vom Herd nehmen und leicht abkühlen lassen. Die Eier nacheinander unter ständigem Rühren unter die Masse arbeiten, bis ein glatter Teig entsteht. Die zerstampften Kartoffeln untermischen und die Ricotta dazugeben. Glatt rühren und mit Salz und Pfeffer abschmecken.

Ausreichend Öl in einem großen, tiefen Topf auf 160 °C erhitzen. Mit einem in Öl getauchten Esslöffel Kartoffelmasse aufnehmen und ins heiße Fett tauchen. 3 bis 4 Minuten frittieren, bis die Beignets aufgegangen und goldbraun sind. Mit einem Schaumlöffel aus dem heißen Fett nehmen und auf Küchenkrepp abtropfen lassen. Mit Salz würzen und servieren.

Tipp

GANZ BESONDERS KÖSTLICH SCHMECKEN DIE BEIGNETS, wenn Sie sie mit einer fein-säuerlichen Tomate oder einem Apfel-Chutney servieren und mit Rucola garnieren.

würzige Kartoffel-Beignets

Diese indischen Beignets werden aus hellen Süßkartoffelscheiben zubereitet, die durch einen delikaten, würzigen Backteig gezogen und dann knusprig gebacken werden. Der Kachumber-Salat ist die ideale Beilage dazu.

150 g Kichererbsenmehl
1 EL Garam Masala
$^1/_2$ TL schwarze Senfsamen
$^1/_2$ TL Kurkuma (Gelbwurz)
1 TL Kreuzkümmelsamen (Kumin), fettfrei leicht geröstet und zerstoßen
$^1/_2$ TL Backpulver
Eiskaltes Wasser zum Untermischen
2 grüne Jalapeño-Chillies,die Samen entfernt und fein gehackt
3 Frühlingszwiebeln, fein geschnitten
1 EL gehacktes Korianderkraut
Pflanzenöl zum Frittieren
3 Süßkartoffeln mit hellem Fruchtfleisch, geschält und in 3 mm dicke Scheiben geschnitten

Für den Kachumber-Salat:
2 Fleischtomaten, geschnitten
1 kleine rote Zwiebel, dünn geschnitten
1 grüner Jalapeño-Chili, die Samen entfernt und fein gehackt
1 Knoblauchzehe, zerdrückt
4 TL Erdnussöl oder Olivenöl
Saft von $^1/_2$ Zitrone
1 EL gehacktes Korianderkraut
Salz und frisch gemahlener schwarzer Pfeffer

Kichererbsenmehl, Garam Masala, Senfsamen, Kurkuma, Kreuzkümmelsamen und Backpulver in eine Schüssel geben und mit einem Schneebesen verrühren. So viel eiskaltes Wasser dazugeben, dass ein dicker Backteig entsteht. Die Chilischoten, Frühlingszwiebeln und das Korianderkraut unterheben. Den Teig 20 Minuten ruhen lassen.

Für den Salat Tomaten, rote Zwiebel, Chili, Knoblauch, Öl und Zitronensaft in einer Schüssel verrühren und mit Salz und Pfeffer abschmecken. Auf einer Servierplatte anrichten, mit gehacktem Korianderkraut bestreuen und bei Zimmertemperatur 30 Minuten durchziehen lassen.

Das Öl in einer Fritteuse oder einer tiefen Bratpfanne auf 180 °C erhitzen. Die Süßkartoffelscheiben durch den Teig ziehen und in nicht zu großen Mengen in etwa 3 bis 4 Minuten goldbraun frittieren. Mit einem Schaumlöffel herausnehmen und auf Küchenkrepp abtropfen lassen. Sofort mit dem Kachumber-Salat servieren.

Kartoffel-Kibbeh mit Lamm, Feta und Minze

Tipp

KIBBEH SERVIERE ICH GERNE mit einer Sauce aus dem Nahen Osten. Dazu 150 Milliliter Joghurt in einen kleinen Topf füllen und glatt rühren. 2 Esslöffel Speisestärke mit etwas Wasser zu einer glatten Paste verrühren und unter den Joghurt mischen. Unter ständigem Rühren langsam zum Kochen bringen und etwa 1 Minute kochen lassen, bis die Sauce bindet. Etwas zerdrückten Knoblauch und gehackte Minze dazugeben und mit Salz und Pfeffer abschmecken.

Kibbeh ist ein traditionelles Gericht aus dem Nahen Osten. Es wird mit fein gehacktem Fleisch zubereitet, das man mit Zwiebeln, Gewürzen und Bulgur vermischt. Im Nahen Osten begegnet man zahlreichen Abwandlungen dieses Gerichts. In Ägypten beispielsweise nimmt man anstelle des Bulgurs gehackten Reis. Hier eine Kibbeh-Variante mit Kartoffeln und einer Fleischfüllung sowie weiteren Alternativen.

100 g Bulgur
200 ml kochendes Wasser
300 g zerstampfte oder durch eine Kartoffelpresse gedrückte Kartoffeln (ohne Butter, Milch oder Sahne)
1 großes Ei
20 g Butter, zerlassen
1/2 TL gemahlener Kreuzkümmel (Kumin)
1 Msp. frisch gemahlener Koriander
Pflanzenöl zum Frittieren
Salz und frisch gemahlener schwarzer Pfeffer

Für die Füllung:
4 EL Olivenöl
150 g mageres Lammhack
1 gehäufte Msp. gemahlener Piment
25 g Butter
1 kleine Zwiebel, fein gehackt
2 EL Pinienkerne
75 g Feta-Käse, zerbröckelt
2 EL gehackte Minze

Den Bulgur in eine Schüssel geben. Das kochende Wasser dazugießen und den Bulgur 20 bis 25 Minuten stehen lassen, bis alles Wasser absorbiert und der Weizen aufgegangen und locker ist. Abkühlen lassen und mit den Kartoffeln, dem Ei, zerlassener Butter, Gewürzen und etwas Salz und Pfeffer vermischen. Die Masse in den Kühlschrank stellen und in der Zwischenzeit die Füllung zubereiten.

Dazu das Olivenöl in einer Bratpfanne fast bis zum Rauchpunkt erhitzen. Das Lammhack salzen und pfeffern und mit dem gemahlenen Piment in 10 bis 15 Minuten durchbraten. In eine Schüssel umfüllen. Die Butter in derselben Pfanne erhitzen. Die Zwiebeln und Pinienkerne darin goldbraun braten. Zum Lammhack geben und abkühlen lassen. Den Feta und die Minze untermischen.

Die Kartoffelmischung in 12 Portionen aufteilen und zu kleinen Frikadellen formen. Etwas Lammfüllung in die Mitte der Frikadellen drücken. Achten Sie darauf, dass die Füllung vollständig von der Kartoffelmischung umschlossen ist. Das Öl in einer Fritteuse oder einer tiefen Pfanne auf 180 °C erhitzen und die Kibbeh darin goldbraun backen. Auf Küchenkrepp abtropfen lassen und servieren.

Varianten

Anstelle des Lammhacks können Sie die Kartoffelmasse auch mit folgenden Füllungen zubereiten:

- *Fein gehackter, gekochter Spinat, der mit Frischkäse gebunden wird.*
- *Würzige Bratkartoffeln und entsteinte, gehackte Oliven.*

Irakische Kartoffelbällchen

TIPP

FORMEN SIE ETWAS KLEINERE BÄLLCHEN und servieren Sie sie als Knabberei zwischendurch.

Bei diesem Rezept werden zerstampfte Kartoffeln mit Feta-Käse, gehacktem, hart gekochtem Ei, Korinthen und Gewürzen verfeinert, in streichholzdünnen Kartoffelstäbchen gerollt und knusprig frittiert. Dazu passt ein arabischer Salat aus Tomaten, Gurke und roter Zwiebel, der mit einer Sauce aus Olivenöl und Zitronensaft angemacht wird.

25 g Butter
1/2 Zwiebel, fein gehackt
1/4 TL Rosenpaprika
1/4 gemahlener Piment
1/2 TL gemahlener Kreuzkümmel (Kumin)
200 g Feta-Käse, zerbröckelt
1 hart gekochtes Ei, gewürfelt
1 EL Schnittlauch, geschnitten
2 EL Korinthen, 30 Minuten in heißem Wasser eingeweicht und abgetropft
300 g warme, zerstampfte oder durch eine Kartoffelpresse gedrückte Kartoffeln (ohne Butter, Milch oder Sahne)
1 EL Speisestärke
3 Eier
2 große Ofenkartoffeln, geschält
Pflanzenöl zum Frittieren
Salz und frisch gemahlener schwarzer Pfeffer

Die Butter in einem kleinen Topf erhitzen. Die Zwiebel hinzufügen und leicht Farbe nehmen lassen. Paprika, Piment und Kumin hinzufügen und etwa 1 Minute erhitzen, damit die Zwiebel die Aromen der Gewürze aufnimmt. Die Zwiebelmasse in eine Schüssel umfüllen und den Feta, das hart gekochte Ei, den Schnittlauch und die Korinthen dazugeben.

In einer weiteren Schüssel die zerstampften Kartoffeln, Speisestärke und eines der Eier vermischen und mit Salz und Pfeffer abschmecken. Mit nassen Händen golfballgroße Bällchen aus der Masse formen. Jedes Bällchen tief eindrücken und etwas Feta-Füllung in die Vertiefung geben. Die Bällchen wieder verschließen und 1 Stunde kaltstellen.

Mit dem feinen Einsatz einer Küchenmandoline die Ofenkartoffeln in streichholzdünne Stäbchen schneiden. Die beiden übrigen Eier verquirlen. Die Kartoffelbällchen aus dem Kühlschrank nehmen, mit dem Ei überziehen und in den Kartoffelstäbchen wenden. Die Kartoffelbällchen mit etwas Druck leicht nachformen. Das Öl in einer Fritteuse oder einer tiefen Bratpfanne auf 160 °C erhitzen und die Kartoffelbällchen in nicht zu großen Mengen im heißen Fett in 5 bis 8 Minuten goldbraun backen. Mit einem Schaumlöffel herausnehmen und auf Küchenkrepp abtropfen lassen. Servieren.

aLoo tikki

tipp

INDISCHES MINZ-CHUTNEY passt zu vielen Gerichten der indischen Küche, wie Currys, Tandoori-Fleischgerichten und Samosas. Die Minze können Sie nach Belieben auch durch frisch gehacktes Korianderkraut ersetzen.

Die ungeschälten Kartoffeln in einen Topf füllen, mit kaltem Wasser bedecken, etwas salzen und zum Kochen bringen. Die Hitze reduzieren und gar kochen. Die Kartoffeln abtropfen und abkühlen lassen. Schälen und fein zerstampfen.

Eine Bratpfanne ohne Fett erhitzen. Das Kichererbsenmehl hineingeben und etwa 30 Sekunden rösten, bis das Mehl leicht Farbe genommen hat. Die Pfanne vom Herd nehmen und das Mehl abkühlen lassen. Zu den zerstampften Kartoffeln geben und leicht salzen. Die Hälfte des Ghees oder Öls in einem Topf erhitzen. Kreuzkümmelsamen und Zwiebel dazugeben und die Zwiebel leicht Farbe nehmen lassen. Erbsen, Ingwer, Chilischoten, Chilipulver, gemahlenen Koriander und Zitronensaft hinzufügen, dann die Kartoffeln, Garam Masala und Korianderkraut dazugeben und mit den anderen Zutaten gründlich vermischen. In eine Schüssel umfüllen und abkühlen lassen.

Für das Chutney alle Zutaten in einen Mixer oder eine Küchenmaschine geben und zu einem groben Püree zerkleinern.

Die Kartoffelmasse in acht Portionen aufteilen und zu Bällchen formen. Diese flach drücken und zu Frikadellen formen. Das übrige Ghee oder Öl in einer großen Bratpfanne erhitzen und die Frikadellen von beiden Seiten goldbraun braten. Mit dem Chutney servieren.

650 g mehlige Kartoffeln
2 EL Kichererbsenmehl
4 EL Öl oder Ghee
1 EL Kreuzkümmelsamen (Kumin)
1 Zwiebel, fein gehackt
150 g Erbsen, gekocht
2,5 cm frische Ingwerwurzel, fein gehackt
2 grüne Chilischoten, die Samen entfernt und fein gehackt
1/2 TL Chilipulver (oder Cayennepfeffer)
2 TL gemahlener Koriander
1 EL Zitronensaft
1 EL Garam Masala
1 EL gehacktes Korianderkraut
Salz

Für das Minz-Chutney:
1 Bund Minze
2 Eiertomaten, in Stücke geschnitten
1 TL Kreuzkümmelsamen (Kumin)
1/2 TL Garam Masala
1 Knoblauchzehe, zerdrückt
Saft von 1/2 Zitrone
1 TL Weißweinessig

Italienische Kartoffelküchlein

Auf die Frage nach der gelungensten Kombination von Zutaten fallen mir spontan Tomaten, Mozzarella und Basilikum ein. Bei diesem Rezept verwende ich sie als Belag für die köstlichen Küchlein aus Kartoffelteig. Ein Gericht, das jeder mag.

125 g heiße, zerstampfte oder durch eine Kartoffelpresse gedrückte Kartoffeln (ohne Butter, Milch oder Sahne)
50 g Butter
1 Eigelb
125 g Mehl
50 g Parmesan, frisch gerieben
1 EL Sahne
2 EL Olivenöl
Salz und frisch gemahlener schwarzer Pfeffer

Für den Belag:
2 Eiertomaten, enthäutet und in je 4 Scheiben geschnitten
1 Büffelmozzarella, in 8 Scheiben geschnitten
1 EL Olivenöl
1 Knoblauchzehe, zerdrückt
8 Basilikumblätter

Die heißen zerstampften Kartoffeln in eine Schüssel geben und die Hälfte der Butter und das Eigelb untermischen. Die Masse salzen und pfeffern. Das Mehl und den Parmesan nach und nach darunter arbeiten. Zum Schluss die Sahne untermischen. Aus dem eher festen Teig acht kleine runde Küchlein formen.

Das Öl und die übrige Butter in einer großen Bratpfanne erhitzen. Die Kartoffelküchlein von beiden Seiten je 4 bis 5 Minuten darin braten, bis sie goldbraun sind. Die Küchlein auf ein Backblech legen.

Für den Belag je eine Scheibe Tomate auf die Kartoffelküchlein und darüber die Mozzarellascheiben legen. Den Knoblauch und die Basilikumblätter etwa 1 Minute in dem Olivenöl erhitzen. Über die Kartoffelküchlein gießen. Die Küchlein mit Salz und Pfeffer würzen und mit der Grillstufe des Backofens kurz überbacken, bis der Käse zu zerlaufen beginnt.

Variante

100 Gramm Frischkäse oder Quark mit je 1 Esslöffel geschnittenem Schnittlauch oder gehacktem Dill mischen. Etwas Kräutermasse über jedes Kartoffelküchlein löffeln, 50 Gramm geriebenen reifen Cheddar darüber streuen und unter dem heißen Grill kurz überbacken.

ROTOLO DI PATATA

In diesem Rezept ersetzt fein geschnittener Parmaschinken die Pastablätter, die gewöhnlich als Mantel für die Füllung aus Steinpilzen, Knoblauch und zerstampften Kartoffeln verwendet werden. Ein sehr aromareiches Gericht, zu dem eine leichte Salbei-Balsamico-Butter gereicht wird.

450 g mehlige Kartoffeln
100 g Butter
1 Eigelb
75 g Parmesan, frisch gerieben, und 50 g Parmesan, frisch gehobelt zum Servieren
2 EL Olivenöl
250 g frische Steinpilze
2 Schalotten, fein gehackt
1 Knoblauchzehe, zerdrückt
Frisch geriebene Muskatnuss
250 g dünn geschnittener Parma- oder San-Daniele-Schinken
10 kleine Salbeiblätter
2 EL Balsamico
Salz und frisch gemahlener schwarzer Pfeffer

Die ungeschälten Kartoffeln in einen großen Topf füllen, mit Wasser bedecken, leicht salzen und zum Kochen bringen. Die Hitze reduzieren und die Kartoffeln knapp gar kochen. In einem Durchschlag abtropfen und etwas abkühlen lassen. Noch warm schälen und fein zerstampfen oder durch eine Kartoffelpresse in eine Schüssel drücken. 25 Gramm der Butter, das Eigelb und den geriebenen Parmesan untermischen.

Das Öl in einer Pfanne erhitzen. Die Steinpilze, Schalotten und die Hälfte des Knoblauchs dazugeben und 2 bis 3 Minuten braten, bis die Pilze goldbraun und weich sind. Das Kartoffelpüree untermischen und mit Muskat, Salz und Pfeffer abschmecken. Abkühlen lassen.

Auf einem mit Öl eingestrichenen Stück Alufolie die Schinkenscheiben leicht überlappend zu einem 30 cm großen Quadrat auslegen. Die Kartoffelmasse über dem Schinken gleichmäßig etwa 1 cm dick verteilen. Die Alufolie etwas anheben und den Schinken mit der Kartoffelmasse eng einrollen. Dabei darauf achten, dass der Schinken die Füllung vollständig bedeckt. 2 bis 3 Stunden kaltstellen, bis die Rolle fest ist. Die Alufolie vorsichtig entfernen und die Rolle in 12 Tranchen schneiden.

Weitere 25 Gramm der Butter in einer großen beschichteten Pfanne erhitzen und die Tranchen auf beiden Seiten goldbraun braten. Auf einer Servierplatte anrichten und warm stellen. Die Pfanne säubern, wieder auf den Herd stellen und die restliche Butter mit dem übrigen Knoblauch und den Salbeiblättern darin aufschäumen lassen. Den Balsamico unter die nach Nüssen duftende Butter rühren. Die Salbei-Balsamico-Butter über die Kartoffeltranchen gießen und den gehobelten Parmesan darüber streuen. Sofort servieren.

TIPP

DIE KARTOFFELROLLE LÄSST SICH GUT IM VORAUS ZUBEREITEN: In Alufolie eingeschlagen bleibt sie im Kühlschrank 3 Tage und im Gefrierschrank 3 Wochen lang frisch. Bei Bedarf in Tranchen schneiden und in Butter goldbraun backen. Sind frische Steinpilze nicht erhältlich, können Sie auch 15 Gramm getrocknete Steinpilze oder andere frische Pilze nehmen. Getrocknete Pilze werden zuvor in heißem Wasser eingeweicht.

Mit Rotwein glasierte Kartoffel-galette mit Schalotten, Maronen und Speckstreifen

Bei diesem Rezept werden die Kartoffeln mit Rotwein glasiert. Dadurch bekommen sie nicht nur einen feinen Geschmack, sondern sehen auch sehr appetitlich aus. Anstelle des Rotweins können Sie ebenso gut Portwein verwenden. Die Kartoffelgalette passt sehr gut zu Wild. Mit ein wenig mehr Zeitaufwand können Sie die Galette auch effektvoll in kleineren flachen Portionsförmchen zubereiten.

75 g Rückenspeck, in kleine Streifen geschnitten
4 Schalotten, dick geschnitten
2 große Knoblauchzehen, zerdrückt
75 g gefrorene oder vakuumverpackte Maronen, aufgetaut und gehackt
2 EL gehackte Petersilie
4 EL Enten- oder Gänsefett
500 g fest kochende Kartoffeln, geschält und in 3 mm dicke Scheiben schneiden
100 ml Rotwein
Salz und frisch gemahlener schwarzer Pfeffer

Die Speckstreifen bei starker Hitze in einer Pfanne in 2 bis 3 Minuten goldbraun und knusprig braten. Schalotten, Knoblauch, Maronen und Petersilie dazugeben, mit Salz und Pfeffer würzen, vom Herd nehmen und beiseite stellen.

Die Hälfte des Enten- oder Gänsefetts in einer Pfanne (Ø ca. 20 cm) erhitzen und vom Herd nehmen. Die Hälfte der Kartoffelscheiben leicht überlappend gleichmäßig in die Pfanne schichten und mit Salz und Pfeffer würzen. Die Speck-Maronen-Masse darauf verteilen und die restlichen Kartoffeln wie zuvor darüber schichten. Das verbliebene Fett darüber löffeln und die Galette mit Salz und Pfeffer würzen.

Die Galette 5 bis 8 Minuten braten, bis sie auf der Unterseite zu bräunen beginnt. Auf einen Teller stürzen und mit der Oberseite nach unten zurück in die Pfanne gleiten lassen. Die Galette wieder Farbe nehmen lassen und die Kartoffeln mit einem Teller leicht zusammenpressen. Den Wein dazugießen. Den Kartoffelkuchen mit Alufolie zudecken und 10 Minuten bei schwacher Hitze schmoren, bis der Wein vollständig verdampft ist und die Galette eine leicht rubinrote Farbe angenommen hat. Dabei die Kartoffeln gelegentlich mit einem Teller leicht pressen. Auf eine Servierplatte stürzen und sofort servieren.

pochiertes ei auf kartoffel-käse-plätzchen mit pfifferlingen

Ein wunderbares Gericht, das bei Vegetariern und Fleischessern gleichermaßen gut ankommt. Der Essig, den man zum Pochieren der Eier nimmt, trägt dazu bei, dass das Eiweiß schneller fest wird. Nach Geschmack können Sie auch würzigen Parmesan oder Blauschimmelkäse nehmen.

350 g heiße, zerstampfte oder durch eine Kartoffelpresse gedrückte Kartoffeln (ohne Butter, Milch oder Sahne)
25 g Butter
1 kleines Ei, verquirlt
25 g reifer Cheddar-Käse, gerieben
Etwa 125 g Mehl
1 Msp. Backpulver
4 EL Pflanzenöl
200 g Pfifferlinge, kurz gewaschen und geputzt
4 EL Essig
4 Eier von Freilandhühnern
Salz und frisch gemahlener Pfeffer

Für die Schnittlauchbutter:
5 EL Wasser
125 g kalte Butter, in kleine Stücke geschnitten
2 EL Schnittlauch, geschnitten

Die heißen, fein zerstampften Kartoffeln in eine Schüssel geben. Die Butter, das Ei, den geriebenen Käse und etwas Salz dazugeben und vermischen. Mehl und Backpulver nach und nach hineinkneten. Dabei so viel Mehl zugeben, dass ein leicht fester Teig entsteht. Mit bemehlten Händen vier Bällchen aus dem Teig formen und diese zu flachen Plätzchen drücken (Ø ca. 9 cm und 2 cm dick).

Für die Schnittlauchbutter das Wasser in einem kleinen Topf zum Kochen bringen. Die kalte Butter nach und nach mit einem Schneebesen hineinrühren, bis die Flüssigkeit leicht bindet. Mit Salz und Pfeffer würzen. Den Schnittlauch hineingeben und warm stellen.

Die Kartoffelplätzchen von jeder Seite 2 bis 3 Minuten in dem Pflanzenöl braten, bis sie goldbraun sind. Inzwischen die Pfifferlinge in 4 bis 5 Minuten im Ofen auf höchster Grillstufe garen.

Für die pochierten Eier 1 Liter Wasser in einem mittelgroßen Topf zum Kochen bringen. Den Essig dazugießen und die Hitze reduzieren. Das nur noch schwach siedende Wasser mit einem Löffel umrühren und die Eier vorsichtig hineinschlagen. 2 bis 3 Minuten pochieren, bis die Eier außen fest, aber innen noch weich sind. Mit einem Schaumlöffel herausnehmen und auf einem sauberen Küchentuch abtropfen lassen.

Die Kartoffelplätzchen auf Tellern anrichten. Mit den Pfifferlingen und dem pochierten Ei garnieren. Die Schnittlauchbutter darüber löffeln und mit knusprigem Brot servieren.

tipp

SAUCE HOLLANDAISE ist eine köstliche Alternative zur Schnittlauchbutter. Für eine schnelle Hollandaise 4 Eigelbe in einen Mixer geben. 3 Esslöffel Weißweinessig, 2 Esslöffel Wasser, 2 Teelöffel schwarze Pfefferkörner und 1 gehackte Schalotte zum Kochen bringen. Auf 1 Esslöffel Flüssigkeit einkochen. Die Reduktion durch ein feines Sieb in die Eigelbe abgießen. Bei niedriger Mixer-Geschwindigkeit nach und nach 250 Gramm warme geklärte Butter (Tipp Seite 153) in einem dünnen Strahl dazugießen, bis die Sauce beinahe so dick ist wie Mayonnaise. Mit 1 Spritzer Zitronensaft, Salz und Cayennepfeffer abschmecken.

Sellerie-Kartoffel-Trouffade

Tipp

TOMME DE SAVOIE ist in gut sortierten Feinkostgeschäften erhältlich. Wenn Sie keinen bekommen, können Sie auch auf französischen Cantal, Beaufort oder Greyerzer ausweichen.

Ein klassischer Kartoffelkuchen aus der französischen Auvergne, der mit Tomme de Savoie und geräuchertem Speck zubereitet wird. Ich gebe gerne etwas Sellerie in den Kuchen.

100 g geräucherter durchwachsener Speck, in kleine Würfel geschnitten
250 g fest kochende Kartoffeln, geschält und in 1 cm große Würfel geschnitten
125 g Knollensellerie, geschält und in 1 cm große Würfel geschnitten
150 g Tomme-de-Savoie-Käse, gewürfelt
2 EL gehackte Petersilie
Salz und frisch gemahlener schwarzer Pfeffer

Eine Pfanne mit schwerem Boden (Ø 20 cm) bis zum Rauchpunkt erhitzen. Die Speckwürfel hineingeben und braten, bis sie ihr Fett abgeben. Die Kartoffeln und den Sellerie zugeben und unter Rühren in 8 bis 10 Minuten leicht Farbe nehmen lassen. Den Käse und die Petersilie behutsam untermischen, dabei darauf achten, dass die Gemüsewürfel nicht auseinander fallen. Mit Salz und Pfeffer würzen. Die Zutaten mit einem Palettenmesser gleichmäßig in der Pfanne verteilen. Die Hitze reduzieren und 15 bis 20 Minuten braten, bis die Trouffade auf der unteren Seite knusprig und goldbraun ist. Wenden und auf der anderen Seite fertig braten. Die Trouffade auf eine Platte stürzen und servieren.

feinste pommes

4 große mehlige Kartoffeln

Sonnenblumenöl oder Schmalz zum Frittieren

Grobes Meersalz

Die Kartoffeln schälen. Unter fließend kaltem Wasser abbrausen und auf Küchenkrepp abtropfen lassen. In 1 cm dicke und 5 bis 7,5 cm lange Stäbchen schneiden.

Eine Fritteuse oder eine tiefe Bratpfanne mit schwerem Boden zur Hälfte mit dem Öl oder Schmalz füllen und auf 150 °C erhitzen. Die Kartoffeln in nicht zu großen Mengen gleichzeitig 5 bis 8 Minuten frittieren, bis sie weich, aber noch sehr hell sind. Herausnehmen und auf Küchenkrepp abtropfen lassen.

Das Öl auf 200 °C erhitzen und die Pommes frites erneut in nicht zu großen Mengen in die Fritteuse geben. In 2 bis 3 Minuten goldbraun und knusprig frittieren. Auf Küchenkrepp abtropfen lassen und auf eine heiße Servierplatte geben. Nach Geschmack mit dem Meersalz bestreuen und servieren.

so geht's feinste pommes frites

dips für pommes frites

Hier sind meine Lieblingsdips zu Pommes frites:

- Mit Senf geräucherte Paprika-Mayonnaise (Rezept Seite 139).
- Harissa-Mayonnaise: Nach Geschmack Harissapaste unter eine gute Salatmayonnaise rühren.
- Tomaten-Ingwer-Mayonnaise: 1 cm frische geriebene Ingwerwurzel mit 100 Gramm guter Salatmayonnaise verrühren und nach Geschmack mit Tomatenketchup abschmecken.

barbecue pommes frites

Für dieses Rezept wird man wohl nicht die gesamte Barbecue-Gewürzmischung benötigen. Den Rest kann man gut vier Wochen in einem luftdichten Behälter aufbewahren. Die Gewürzmischung ist sehr vielseitig. Man kann sie z. B. für Gemüsezubereitungen verwenden oder Fisch und Fleisch vor dem Grillen damit einreiben.

4 große mehlige Kartoffeln

Sonnenblumenöl zum Frittieren

Meersalz

Für die Barbecue-Gewürzmischung:

2 EL getrocknete Chiliflocken

1 1/2 EL edelsüßes Paprikapulver

1 1/2 TL gemahlener Kreuzkümmel (Kumin)

1 1/2 TL gemahlener Koriander

1 1/2 TL Zucker

1 TL Salz

1/2 TL Senfpulver

1/2 TL frisch gemahlener schwarzer Pfeffer

1/2 TL gerebelter Thymian

1/2 TL mildes Currypulver

1 TL Cayennepfeffer

Für die Barbecue-Gewürzmischung alle Zutaten in eine Schüssel füllen und gründlich miteinander vermischen.

Die Pommes frites wie Feinste Pommes (Rezept Seite 106) zubereiten. Nach dem zweiten Frittieren die Pommes auf ein mit Küchenkrepp ausgelegtes Backblech geben, damit überschüssiges Fett aufgesogen wird. Mit etwas Meersalz würzen und etwa 2 Esslöffel der Gewürzmischung über die Pommes frites streuen. Sofort servieren.

backofen-fritten

Inzwischen bekommt man sie in allen Supermärkten. Sie sind eine gute Alternative zu gewöhnlichen Pommes: Keine Töpfe voller Frittierfett, die man ständig beobachten muss. Alles, was man dazu braucht, ist ein großes Backblech.

650 g mehlige Kartoffeln

4 EL Pflanzenöl

Meersalz und frisch gemahlener Pfeffer

Den Backofen auf 200 °C (Umluft 180 °C, Gas Stufe 3–4) vorheizen. Die ungeschälten Kartoffeln in dicke Spalten schneiden und auf einem großen Backblech gleichmäßig verteilen. Das Öl darüber träufeln, mit grobem Meersalz und etwas Pfeffer würzen und 30 Minuten backen. Sie sollten in dieser Zeit auf der Unterseite Farbe genommen haben. Wenden und in 10 bis 15 Minuten goldbraun und wunderbar knusprig backen. Sofort servieren.

variante

Süßkartoffeln mit hellem oder orangefarbenen Fruchtfleisch auf die gleiche Art zubereitet schmecken fantastisch.

Wenn Sie glauben, die Gerichte in diesem Kapitel sind üppig und schwer verdaulich, werden Sie eine angenehme Überraschung erleben. Kartoffeln machen viele Speisen bekömmlicher, besonders Brote, Pfannkuchen und Pasteten. Einige der Pasteten sind sehr herzhaft, wie der Kartoffel-Mozzarella-Salami-Pie (Seite 131). Andere sind leckere Happen, die man als Canapés reichen kann. Versuchen Sie Räucherschinken-Roquefort-Kipferl (Seite 124) oder Kartoffel-Kabeljau-Empanadas (Seite 125).

Ursprünglich gab man Kartoffeln in den Brotteig, um kostbares Mehl zu sparen. Aber bald fand man heraus, dass Kartoffelbrote lockerer und länger haltbar sind. Man kennt sie aus vielen verschiedenen Küchen, z. B. irische Boxtys und Farls (Seite 111 und 114), indische Kartoffelpooris (Seite 115) und das norwegische Fladenbrot Lefse (Seite 117).

Kartoffelpfannkuchen erfreuen sich in der ganzen Welt großer Beliebtheit. Aus Platzgründen kann in diesem Kapitel leider nur eine kleine Auswahl vorgestellt werden. Besonders locker und leicht sind die berühmten Crêpes Vonnasiennes auf Seite 121. Das Rezept dazu stammt aus George Blancs legendärem Restaurant in Frankreich.

Brote, Pfannkuchen und Pasteten

Kartoffelbrot (Grundrezept)

Ein sehr vielseitiges Brot, das lange frisch bleibt und das man genauso verwenden kann wie jedes andere Weißbrot. Ich nehme es gerne als Grundlage für Welsh rarebit (eine Art Käsefondue) und für die Zubereitung von Kubanischem Brotpudding (Rezept Seite 166).

25 g Bäckerhefe

40 g Zucker

150 ml lauwarme Vollmilch

450 g Weizenmehl

50 g Butter, in kleine Stücke geschnitten

100 g warme, fein zerstampfte oder durch eine Kartoffelpresse gedrückte Kartoffeln (ohne Milch, Butter oder Sahne)

1 TL Salz

1 Ei, verquirlt, und etwas verquirltes Ei zum Bestreichen

Den Backofen auf 125 °C (Umluft 100 °C, Gas Stufe 1) vorheizen. Die Hefe, die Hälfte des Zuckers und etwas Milch in einer kleinen Schüssel verrühren, bis die Hefe vollständig aufgelöst ist. Das Mehl in eine Schüssel füllen und kurz im Ofen erwärmen. Die Butter hinzufügen und mit dem Mehl zermürben. Den restlichen Zucker, die fein zerstampften Kartoffeln und das Salz dazugeben. Die übrige Milch, das verquirlte Ei und den Hefeansatz dazugießen und alle Zutaten zu einem weichen, elastischen Teig verarbeiten. Wenn nötig, etwas Wasser dazugeben. Den Teig auf eine mit Mehl bestäubte Arbeitsfläche geben und 8 bis 10 Minuten durchkneten. In eine saubere Schüssel umfüllen, mit einem Küchentuch zudecken und an einem warmen Platz etwa 45 Minuten gehen lassen, bis der Teig das Doppelte seines Volumens erreicht hat.

Den aufgegangenen Teig mit bemehlten Händen kräftig abschlagen und einige Minuten kneten. Zu einem runden Laib formen und auf ein gefettetes Backblech legen. Zudecken und weitere 30 Minuten gehen lassen, bis der Laib das Doppelte seines Volumens erreicht hat.

Den Backofen auf 200 °C (Umluft 180 °C, Gas Stufe 3–4) vorheizen. Den Brotlaib mit etwas verquirltem Ei bestreichen und 25 bis 30 Minuten backen, bis das Brot schön braun ist und beim Klopfen auf die Unterseite hohl klingt. Das Kartoffelbrot auf einem Gitter auskühlen lassen.

Boxty Bread

Ich fand das Rezept in einem alten Kochbuch, als ich durch Irland reiste. Boxty ist eine traditionelle irische Kartoffelspeise, die in Zeiten entstand, als Weizenmehl teuer und Kartoffeln eine bezahlbare Alternative waren. Man kann Boxty wie unten beschrieben als Fladen backen oder den Teig mit Milch verdünnen und Pfannkuchen daraus machen. Beide Varianten schmecken köstlich.

- **225 g große mehlige Kartoffeln, geschält und grob gerieben**
- **225 g fein zerstampfte oder durch eine Kartoffelpresse gedrückte Kartoffeln (ohne Milch, Butter oder Sahne)**
- **175 g Mehl**
- **1 TL Backpulver**
- **50 g weiche Butter**
- **1/2 TL Salz**

Den Backofen auf 180 °C (Umluft 160 °C, Gas Stufe 2–3) vorheizen. Die geriebenen Kartoffeln in ein sauberes dünnes Küchentuch oder ein großes Stück Musselintuch geben und sämtliche Flüssigkeit herauspressen. Die geriebenen Kartoffeln in eine Schüssel füllen. Die fein zerstampften Kartoffeln, Mehl, Backpulver, Butter und Salz zugeben und alle Zutaten zu einem Teig verkneten.

Den Teig auf eine bemehlte Arbeitsfläche legen und in zwei Hälften teilen. Jede Hälfte zu einem 5 mm dicken runden Fladen ausrollen. Oben kreuzweise einschneiden. Die Fladen auf ein gebuttertes Blech legen und etwa 40 Minuten backen, bis sie aufgegangen und braun sind. Ofenheiß in Viertel gebrochen mit viel Butter servieren.

Süßkartoffel-Brot mit Fenchelsamen

Ein Rezept, das ich seit vielen Jahren besitze. Ich weiß nicht, woher es stammt, aber das Brot ist hervorragend.

1 große Süßkartoffel von etwa 300 g
700 g Weizenmehl
1 EL Salz
50 g Butter, in kleine Stücke geschnitten
25 g Bäckerhefe
2 TL Zucker
300 ml lauwarme Vollmilch
2 Eier, verquirlt, und etwas mehr zum Bestreichen
3 EL Fenchelsamen, fettfrei kurz geröstet
25 g Kürbiskerne
2 TL gemahlener Koriander

Den Backofen auf 190 °C (Umluft 170 °C, Gas Stufe 3) vorheizen. Die Süßkartoffeln in eine Reine legen und 1 Stunde weich backen. Die Kartoffel schälen. Das Fruchtfleisch durch ein Sieb oder eine Kartoffelpresse drücken und abkühlen lassen.

Das Mehl und das Salz in eine große Schüssel sieben und die Butter mit dem Mehl zermürben, bis eine feinkrümelige Masse entsteht. Die Hefe mit dem Zucker, 200 Millilitern Milch und den verquirlten Eiern glatt rühren. Eine Mulde in die Mitte des Mehls drücken, die Süßkartoffel und die Ei-Hefe-Masse hineingeben. Zuerst mit einem Kochlöffel und dann mit der Hand zu einem weichen Teig verarbeiten. Wenn nötig, etwas Milch dazugießen. Den Teig auf eine bemehlte Arbeitsfläche geben und etwa 10 Minuten kneten, bis er glatt und elastisch ist. In eine saubere Schüssel umfüllen, mit Klarsichtfolie zudecken und an einem warmen Ort etwa 1 Stunde gehen lassen, bis der Teig das Anderthalbfache seines Volumens erreicht hat. Auf eine bemehlte Arbeitsfläche geben, den Koriander, die Kürbiskerne und die Fenchelsamen darüber streuen und den Teig 5 Minuten kneten. Zu einem runden Laib formen und auf ein gefettetes Backblech setzen. Den Laib mehrfach oben leicht einschneiden. Mit geölter Klarsichtfolie zudecken und an einem warmen Ort erneut etwa 15 Minuten gehen lassen, bis der Laib das Anderthalbfache seines Volumens erreicht hat.

Den Backofen auf 200 °C (Umluft 180 °C, Gas Stufe 3–4) vorheizen. Den Brotlaib oben mit Ei bestreichen und 35 bis 40 Minuten backen, bis das Brot aufgegangen ist und beim Klopfen auf die Unterseite hohl klingt.

Kartoffel-Farls

Servieren Sie die traditionellen irischen Farls mit Butter und Zucker oder Marmelade oder mit Ulster fry (siehe unten).

250 g mehlige Kartoffeln, geschält und in größere Stücke geschnitten
25 g Butter, zerlassen
50 g Mehl
1 Prise Salz

Die Kartoffeln in einen Topf füllen, mit kaltem Wasser bedecken, leicht salzen und zum Kochen bringen. Bei schwacher bis mittlerer Hitze gar kochen. Gut abtropfen lassen und zurück in den Topf füllen. Bei schwacher Hitze ausdampfen lassen. Fein zerstampfen oder durch eine Kartoffelpresse drücken und die Butter untermischen. Das Mehl und das Salz untermengen, bis ein relativ weicher und elastischer Teig entsteht. Den Teig auf eine bemehlte Arbeitsfläche geben und zu einem etwa 5 mm dicken runden Fladen (Ø 20 bis 25 cm) ausrollen. In sechs gleich große Segmente (Farls) zerteilen. Die Stücke in einer sehr heißen Pfanne mit schwerem Boden oder einer gerillten Grillpfanne ohne Fett etwa 2 Minuten von jeder Seite leicht bräunen. Heiß servieren.

Tipp

FARLS BEREITEN SIE AM BESTEN ZU, solange die Kartoffeln noch heiß sind. Sind sie bereits erkaltet, erhitzen Sie sie einfach ca. 30 Sekunden in der Mikrowelle oder geben Sie sie zugedeckt kurz in den heißen Backofen. Sie können den Teig auch 5 mm dick ausrollen und mit einem Rundaustecher 5 cm große Taler ausstechen.

Ulster fry

Zum Frühstück ist dieses herzhafte Gericht hier zu Lande wohl nicht Jedermanns Sache. Es schmeckt aber auch mittags oder abends!

Aus Schweinsbratwürsten, Speck, Blutwurst, Tomaten und Eiern ein traditionelles gebratenes Frühstück zubereiten. Die Eier schmecken am besten, wenn man sie in dem Fett brät, das von dem Speck stammt. Die gebratenen Zutaten zu den Farls servieren.

Kartoffelpooris

Tipp

FÜR GARAM MASALA **1/2 Teelöffel gemahlene Nelken, je 1 Teelöffel gemahlenen Zimt, Kreuzkümmel und schwarzen Pfeffer sowie 4 Teelöffel gemahlenen Kardamom mischen. Die Gewürzmischung in einem luftdicht verschließbaren Behältnis aufbewahren.**

Pooris isst man im Norden Indiens zum Frühstück, meist als Beilage zu einem Gericht auf Kartoffelbasis. Bei diesem Rezept sind die Kartoffeln im Teig. Sie sind eine ideale Beilage für ein traditionelles Thali.

1 große Ofenkartoffel
1/2 TL Kardamomsamen
1/2 TL Kümmelsamen
1 TL Kreuzkümmelsamen (Kumin)
150 g Weizenmehl
1/2 TL gemahlener Kumin
1/4 TL zerstoßener schwarzer Pfeffer
1 TL Garam Masala (siehe Tipp)
1 EL gehacktes Korianderkraut
1 grüne Chilischote, die Samen entfernt und gehackt
2 EL Pflanzenöl
Öl zum Frittieren
Salz

Die Kartoffel weich backen (Rezept Seite 70). Noch heiß schälen und durch ein Sieb oder eine Kartoffelpresse drücken. Kardamom, Kümmel- und Kreuzkümmelsamen in einer Pfanne ohne Fett kurz rösten, bis die Gewürze ihr Aroma entfalten und leicht Farbe genommen haben. Unter die Kartoffeln mischen.

Das Mehl in eine Schüssel sieben und den gemahlenen Kreuzkümmel, schwarzen Pfeffer, Garam Masala, gehacktes Korianderkraut, Chili und etwas Salz untermischen. Die Kartoffel dazugeben und mit den Fingerspitzen unter das Mehl mischen. Das Öl dazugießen und die Zutaten zu einem Teig kneten. Wenn der Teig zu fest wird, etwas warmes Wasser dazugießen. Auf eine leicht bemehlte Arbeitsfläche geben und 8 bis 10 Minuten kneten, bis der Teig glatt und elastisch ist. Zu einem glatten Ball formen und in die Schüssel zurückgeben. Den Teig mit etwas Öl bestreichen, mit einem feuchten Küchentuch zudecken und 45 Minuten ruhen lassen.

Den Teig 2 bis 3 Minuten kneten. In acht gleich große Stücke teilen, die Stücke zu Bällchen formen und diese mit dem Handballen flach drücken. Jedes Teigstück auf einer bemehlten Arbeitsfläche zu einem runden Fladen mit (Ø 20 cm) ausrollen. Ausreichend Öl in einer Fritteuse oder einer tiefen Pfanne auf 160 °C erhitzen. Die Pooris unter gelegentlichem Wenden goldbraun frittieren, dabei mit einem Holzlöffel in das heiße Fett untertauchen. Die Pooris auf Küchenkrepp abtropfen lassen und warm stellen, bis alle Pooris frittiert sind.

Italienisches Kartoffelbrot

Dieses gefüllte Brot steckt voll sonniger italienischer Aromen. Es eignet sich großartig für ein Picknick.

25 g Bäckerhefe
350 ml lauwarmes Wasser
400 g Weizenmehl
1 TL Salz
150 g fein zerstampfte oder durch eine Kartoffelpresse gedrückte Kartoffeln (ohne Milch, Butter oder Sahne)

Für die Füllung:
250 g gegarte Neue Kartoffeln, in Scheiben geschnitten
150 g dünn geschnittener Parmaschinken
150 g Mozzarella, gewürfelt
10 Basilikumblätter
4 EL Olivenöl
Grobes Meersalz und frisch gemahlener schwarzer Pfeffer

Die Hefe mit dem warmen Wasser mischen. Das Mehl und das Salz in eine Schüssel sieben und die fein zerstampften Kartoffeln untermischen. In die Mitte eine Mulde drücken, den Hefeansatz dazugießen und einen weichen Teig herstellen. Auf eine bemehlte Arbeitsfläche geben und etwa 10 Minuten kneten, bis der Teig glatt und elastisch ist. In eine saubere Schüssel geben, mit einem Tuch zudecken und an einem warmen Platz 1 bis 1 1/2 Stunden gehen lassen, bis er das Doppelte seines Volumens erreicht hat.

Den aufgegangenen Teig abschlagen und zu einem 30 x 25 cm großen und etwa 5 mm dicken Rechteck ausrollen. Die Kartoffelscheiben auf dem Teig verteilen, dabei überall einen 2,5 cm großen Teigrand belassen. Den Parmaschinken darüber legen, Mozzarella und Basilikum darüber streuen und mit der Hälfte des Olivenöls beträufeln. Mit Salz und Pfeffer würzen. Den Teig und die Füllung zu einer dichten Rolle einrollen und auf ein gefettetes Backblech setzen. Zudecken und an einem warmen Ort erneut etwa 40 Minuten gehen lassen. Inzwischen den Backofen auf 180 °C (Umluft 160 °C, Gas Stufe 2–3) vorheizen. Das Brot 30 bis 35 Minuten backen, bis es goldbraun ist. Vor dem Servieren abkühlen lassen.

Lefse Kartoffelfladenbrot

Dieses Rezept stammt aus Norwegen, wo das Brot für festliche Anlässe gebacken wird. Es wird mit einem speziellen gitterartigen Nudelholz namens Lefse ausgerollt; ein normales Nudelholz tut's aber auch. Am liebsten serviere ich diese Fladenbrote mit etwas Räucherlachs und Sahnemeerrettich.

1 kg Ofenkartoffeln
25 g Butter
250 g Mehl
1 Msp. Backpulver
Grobes Meersalz und frisch gemahlener schwarzer Pfeffer

Die Kartoffeln weich backen (Rezept Seite 70). Halbieren und das Fruchtfleisch herauslöffeln. Durch ein Sieb oder eine Kartoffelpresse drücken. Die Butter, etwas Salz und Pfeffer untermischen und das Püree abkühlen lassen. 175 Gramm des Mehls auf einmal untermengen, den Rest nach und nach dazugeben, bis ein fester Teig entsteht (es muss nicht alles Mehl verbraucht werden). Den Teig in vier gleich große Stücke teilen. Diese jeweils in weitere vier Stücke schneiden. Jedes Teigstück auf einer bemehlten Arbeitsfläche zu einem hauchdünnen runden Fladen ausrollen.

Eine Backplatte oder eine große beschichtete Bratpfanne stark erhitzen und jeden Fladen 1 bis 2 Minuten von jeder Seite backen, bis er an mehreren Stellen gebräunt ist. Aus der Pfanne nehmen und warm halten, während Sie die übrigen Fladen backen.

Kartoffel-Birnen-Rösti mit Blutwurst und Raclette

Tipp

RACLETTE-KÄSE und Kartoffeln sind eine typisch schweizerische Kombination. Für eine einfache und üppige Variante schmelzen Sie eine größere Menge Raclette in einem Topf und gießen den Käse sofort über einen Teller mit heißen gekochten Neuen Kartoffeln. Mit sauren Gurken oder Mixed Pickles servieren.

Es sind nicht wirklich traditionelle Rösti, eher eine Kreuzung zwischen Rösti und Latkes (eine Art Kartoffelpuffer). Der Unterschied liegt darin, dass Rösti ausschließlich aus geriebenen Kartoffeln zubereitet werden, während bei dieser Variante etwas Speisestärke hinzugefügt wird, um die Feuchtigkeit der Birne aufzunehmen und die Rösti zu binden. Die Rösti werden mit Blutwurst und Raclette-Käse belegt, ein wunderbar schmelzender Käse aus dem Schweizer Wallis und dem französischen Savoyen.

450 g fest kochende Neue Kartoffeln
1 reife, aber feste Birne
1 Eigelb
2 EL Speisestärke
75 g durchwachsener geräucherter Speck, klein geschnitten
4 EL Pflanzenöl
24 kleine Scheiben sehr gute Blutwurst
8 Scheiben Raclette-Käse
Salz und frisch gemahlener schwarzer Pfeffer

Die Kartoffeln mit der Schale in kochendem gesalzenem Wasser nicht ganz gar kochen. Gut abtropfen und etwas abkühlen lassen. Schälen und auskühlen lassen. Mit der groben Reibfläche einer Vierkantreibe in eine große Schüssel reiben.

Die Birne schälen, entkernen und reiben. In ein sauberes Küchentuch geben und alle überschüssige Flüssigkeit herausdrücken. Die Kartoffeln dazugeben und die Masse mit Salz und Pfeffer abschmecken. Das Eigelb und die Speisestärke darunter mischen. Eine Bratpfanne sehr heiß werden lassen und den Speck ohne Zugabe von Fett kurz bräunen, bis er knusprig ist. Zu der Röstimasse geben und untermischen.

Die Hälfte des Öls in einer großen Bratpfanne mit schwerem Boden erhitzen und acht gebutterte Metallringe (Ø 7,5 cm) hineinsetzen (je nach Größe der Pfanne nur je vier Ringe verwenden). Die Röstimasse 1 cm dick gleichmäßig in den Ringen verteilen und die Rösti etwa 10 Minuten von jeder Seite bei mittlerer Hitze braten, bis sie braun und knusprig sind. Dabei die Rösti gelegentlich mit einem Löffel leicht zusammendrücken. Aus der Pfanne nehmen und warm stellen. Das restliche Öl in der Pfanne erhitzen und die Blutwurstscheiben darin kurz von jeder Seite knusprig braten.

Drei Scheiben Blutwurst auf jedes Rösti legen und eine Scheibe Raclette darüber geben. Kurz unter dem heißen Grill des Backofens überbacken, bis der Käse zerläuft. Sofort servieren.

Provençalische Kartoffel-Socca mit Hühnerleber

Socca sind Kichererbsen-Pfannkuchen aus Südfrankreich. Sie schmecken ausgezeichnet und sind leicht zuzubereiten. Bei diesem Rezept gebe ich geriebene Kartoffeln mit in den Grundteig aus Kichererbsen.

2 EL Olivenöl
225 g Geflügelleber
2 Knoblauchzehen, zerdrückt
2 Schalotten, gewürfelt
25 g Butter
4 EL trockener Weißwein
100 g getrocknete Tomaten
1 EL flüssiger Honig
12 schwarze Oliven
6 Basilikumblätter
Salz und frisch gemahlener schwarzer Pfeffer

Für die Socca:
175 g fest kochende Kartoffeln
125 g Kichererbsenmehl
375 ml Wasser
2 EL Olivenöl und etwas mehr zum Braten

Den Backofen auf 240 °C (Umluft 200 °C, Gas Stufe 5–6) vorheizen. Für die Socca die Kartoffeln mit der Schale in kochendem gesalzenem Wasser knapp gar kochen. Abtropfen und leicht abkühlen lassen und schälen. Die Kartoffeln reiben und beiseite stellen. Das Kichererbsenmehl in eine Schüssel geben und das Wasser in einem gleichmäßigen Strahl mit Schneebesen unterrühren, bis ein glatter Teig entsteht. Das Olivenöl dazugießen und den Teig salzen und pfeffern. Die Kartoffeln darunter mischen.

Eine große schwere Reine mit Olivenöl ausstreichen und in den heißen Backofen stellen. Den Teig in die Reine gießen (er sollte etwa 2,5 cm hoch sein) und die Reine in die obere Einschubleiste des Ofens schieben. Den Backofen sofort ausschalten und die Grillstufe einschalten. In 10 bis 15 Minuten braun backen. Wenn sich Blasen bilden, diese mit einem spitzen Messer aufstechen. Die Socca sollte unten fest, aber noch weich und feucht sein. Warm stellen und die Füllung zubereiten.

Das Olivenöl in einer Bratpfanne bis zum Rauchpunkt erhitzen. Die geputzten Lebern hineingeben und 3 bis 4 Minuten braten, bis sie außen braun und innen noch rosa sind. Aus der Pfanne nehmen und warm stellen. Den Knoblauch, die Schalotten und die Butter in die Pfanne geben und die Schalotten glasig dünsten. Den Weißwein dazugießen und um die Hälfte einkochen. Die Tomaten, den Honig und die Oliven dazugeben und erhitzen. Die Lebern mit dem Basilikum in die Pfanne geben, mit Salz und Pfeffer abschmecken und kurz erhitzen.

Die Socca in 5 cm große Rechtecke schneiden. Auf vier Teller verteilen und mit dem Hühnerleber-Ragoût servieren.

Crêpes vonnasiennes

Tipp

GARNIEREN SIE DIE CRÊPES mit Räucherlachs, Kaviar und Crème fraîche oder mit fein aufgeschnittenem Haddock-Carpaccio (leicht gesalzener und geräucherter Schellfisch), Senf und Crème fraîche.

Die lockeren Kartoffel-Crêpes sind eines der Highlights des weltbekannten Restaurants La Mère Blanc in Vonnas in der Nähe von Lyon.

Die Kartoffeln in einen Topf füllen, mit kaltem Wasser bedecken, leicht salzen und zum Kochen bringen. Die Hitze reduzieren und die Kartoffeln zugedeckt weich kochen. In einem Durchschlag abtropfen lassen. Zurück in den Topf füllen und die Milch dazu gießen. Die Kartoffeln fein zerstampfen, dabei darauf achten, dass keine Klumpen übrig bleiben. Die Kartoffelstärke untermischen, dann die beiden Eier nacheinander in den Teig einarbeiten und die Eiweiße untermischen. Die Sahne unterheben und den Teig mit Salz und Pfeffer abschmecken. Für 20 Minuten stehen lassen, aber nicht in den Kühlschrank geben.

Etwas geklärte Butter in einer Crêpepfanne oder einer beschichteten Bratpfanne erhitzen. Mehrfach etwa 2 gehäufte Esslöffel Crêpeteig hineingeben und etwa 5 mm dicke und 7,5 cm große Crêpes backen. In 1 bis 2 Minuten auf einer Seite goldbraun backen. Die Crêpes wenden und in weiteren 2 Minuten bei schwacher bis mittlerer Hitze fertig backen. Aus der Pfanne nehmen und auf Küchenkrepp abtropfen lassen. Heiß servieren.

250 g mehlige Kartoffeln, geschält und in größere Stücke geschnitten
100 ml Vollmilch
2 EL Kartoffelstärke (oder Mehl)
2 Eier
2 Eiweiße
4 EL Sahne
Geklärte Butter zum Braten **(Rezept Tipp Seite 153)**
Salz und frisch gemahlener schwarzer Pfeffer

Geschichtete Kartoffelcrêpes mit Speck und Bananen

Eine wunderbare Vorspeise oder Zwischenmahlzeit, bei der knuspriger Speck mit süßen Bananen kombiniert wird.

2 große Bananen
25 g Butter
1 EL brauner Zucker
8 Scheiben durchwachsener geräucherter Speck, ohne Schwarte
100 ml Ahornsirup

Für die Kartoffelcrêpes:
175 g warme, zerstampfte oder durch eine Kartoffelpresse gedrückte Kartoffeln (ohne Milch, Butter oder Sahne)
75 g Mehl
1 Ei
1 Eigelb
100 ml Vollmilch
25 g Butter
Salz und frisch gemahlener schwarzer Pfeffer

Für die Kartoffelcrêpes die warmen, fein zerstampften Kartoffeln mit dem Mehl vermischen und die Eier und das Eigelb dazugeben. Nach und nach ausreichend Milch hinein rühren, bis ein glatter Teig entsteht, der locker vom Löffel tropft. Den Crêpeteig mit Salz und Pfeffer würzen. Die Butter in einer beschichteten Pfanne erhitzen und mehrmals je 2 Esslöffel Teig hineingeben und etwa 5 mm dicke und 7,5 cm runde Crêpes backen. 2 bis 3 Minuten auf jeder Seite backen, bis sie goldbraun und fest sind. Aus der Pfanne nehmen und warm stellen. Insgesamt sollten es acht Kartoffelcrêpes werden.

Die Bananen schälen und in je vier Stücke teilen. Die Butter und den Zucker in einer Pfanne erhitzen, bis der Zucker leicht karamellisiert. Die Bananenstücke hineingeben und Farbe nehmen lassen. Inzwischen die Speckscheiben knusprig braten oder grillen. Die Hälfte der Crêpes auf vier vorgewärmten Tellern in der Mitte anrichten, die karamellisierten Bananen darauf geben. Die übrigen Crêpes darüber legen und mit der Speckscheiben garnieren. Mit Ahornsirup beträufeln und sofort servieren.

Räucherschinken-Roquefort-Kipferl

Kipferl sind schmackhafte Hörnchen aus Österreich, die mit vielen interessanten Zutaten gefüllt werden. Bei diesem Rezept gebe ich ein wenig Kartoffel in den Teig, was gut mit der Käse-Schinken-Füllung harmoniert. Normalerweise gibt man den Quark sowohl in den Teig als auch in die Füllung, doch verwende ich hier salzigen und würzigen Roquefort-Käse, wodurch die Kipferl einen noch intensiveren Geschmack bekommen.

1/2 EL Butter
1/2 EL Mehl
100 g Sahne
1 EL gehackter Majoran
1 EL gehackte Petersilie
150 g gekochter Räucherschinken (z. B. Prager Schinken), geschnittem
75 g Roquefort-Käse, kalt und in 1 cm große Würfel geschnitten
Mit etwas Milch verquirltes Ei zum Bestreichen

Für den Teig:
1 kleine mehlige Kartoffel (ca. 100 g)
100 g Quark oder Frischkäse
100 g Mehl
50 g weiche Butter
1 Eier
Frisch gemahlene Muskatnuss nach Geschmack
Salz

Für den Teig die Kartoffel in einem Topf mit kaltem Wasser bedecken. Zum Kochen bringen, die Hitze reduzieren und zugedeckt etwa 10 Minuten kochen lassen. In einem Durchschlag abtropfen und abkühlen lassen. Die Kartoffel schälen und fein reiben.

Quark, Mehl, Butter, Ei, geriebene Muskatnuss und Salz in einer Schüssel vermischen. Die geriebene Kartoffel untermischen und die Zutaten zu einem elastischen Teig verarbeiten. Zudecken und den Teig etwa 1 Stunde ruhen lassen.

Inzwischen die Füllung zubereiten. Dazu die Butter in einem Topf zerlassen, das Mehl dazuschütten und bei schwacher Hitze etwa 1 Minute unter ständigem Rühren anschwitzen. Die Sahne dazugießen und mit einem Kochlöffel 1 bis 2 Minuten rühren, bis eine sämige Sauce entsteht. Vom Herd nehmen und auf Zimmertemperatur abkühlen lassen. Die Kräuter, den Schinken und den Roquefort untermischen und die Füllung im Kühlschrank durchkühlen lassen.

Den Backofen auf 220 °C (Umluft 200 °C, Gas Stufe 4–5) vorheizen. Den Teig auf einer bemehlten Arbeitsfläche zu einem 12 cm breiten Band ausrollen. Aus dem Teig Dreiecke mit etwa 12 cm Seitenlänge schneiden. Die Füllung auf die Dreiecke verteilen und die Teigstücke von der breiten Seite zur Spitze hin einrollen. Dabei darauf achten, dass die Füllung vollständig eingeschlossen ist. Die Kipferl auf ein gefettetes Backblech legen und mit dem verquirlten Ei bestreichen. In 25 bis 30 Minuten goldbraun backen und warm oder kalt servieren.

Kartoffel-Kabeljau-Empanadas mit Orangen-Paprika-Relish

200 g frisches Kabeljaufilet, ohne Haut
50 g Meersalz
200 ml Vollmilch
3 Knoblauchzehen, zerdrückt
300 g fest kochende Kartoffeln, geschält und in 5mm große Würfel geschnitten
3 EL Olivenöl
1 Msp. Cayennepfeffer
3 EL gehackte Petersilie
Salz und frisch gemahlener schwarzer Pfeffer

Für das Relish:
2 unbehandelte Orangen
6 sonnengetrocknete Tomaten, gehackt
4 rote Paprika, geröstet, enthäutet, die Samen entfernt und gehackt
1 Knoblauchzehe, zerdrückt
2 EL Zucker
4 EL Balsamico

Für den Teig:
500 g Mehl
1 Msp. Salz
150 g Butter, in kleine Stücke geschnitten
100 ml Wasser
Etwas verquirltes Ei zum Bestreichen

Für das Relish die Schale von den Orangen abreiben und aufbewahren. Die Orangen schälen. Mit einem kleinen Messer zwischen die Trennhäutchen und die Segmente fahren und das Fruchtfleisch herausschneiden. Die Orangenfilets hacken, den Saft auffangen. Die gehackten Filets mit den Tomaten, Paprikas, dem Knoblauch und der geriebenen Schale in eine Schüssel geben und den Saft dazugießen. Zucker und Essig in einem Topf erhitzen und 2 Minuten kochen. Die Orangen-Paprika-Mischung dazugeben und auskühlen lassen.

Das Kabeljaufilet auf einen Teller legen, mit Meersalz bestreuen und 2 Stunden stehen lassen. Das Salz unter fließend kaltem Wasser abwaschen. Das Filet mit der Milch, dem Knoblauch und den Kartoffeln in einem Topf erhitzen und den Fisch darin gar ziehen lassen. Fisch und Kartoffeln mit einem Schaumlöffel herausnehmen und zerstampfen. Das Olivenöl und etwas von der Garflüssigkeit dazugießen, bis die Masse so fest ist wie Kartoffelpüree. Mit Salz, Pfeffer und Cayennepfeffer würzen und die Petersilie unterheben. Auskühlen lassen und kaltstellen.

Für den Teig Mehl und Salz in eine Schüssel sieben und mit den Fingerspitzen die Butter mit dem Mehl zermürben, bis eine feinkrümelige Masse entsteht. Wasser dazugießen und den Teig zu einer Kugel formen. In Klarsichtfolie einschlagen und 1 Stunde kaltstellen.

Den Backofen auf 200 °C (Umluft 180 °C, Gas Stufe 2–3) vorheizen. Den Teig auf einer bemehlten Arbeitsfläche 3 mm dick ausrollen. Zwölf Scheiben (Ø 10 cm) ausstechen und etwas Füllung in die Mitte jeder Scheibe geben. Die Teigscheiben zu Halbkreisen einschlagen. Die Ränder mit den Fingern zusammendrücken, so dass halbmondförmige Empanadas entstehen. Die Empanadas auf ein Backblech setzen, mit dem verquirlten Ei bestreichen und in 10 bis 15 Minuten goldbraun backen. Mit dem Orangen-Paprika-Relish heiß servieren.

Scamorza-Ricotta-Spinat-Knishes

Knishes oder Boulbés könnte man als die jüdische Antwort auf Frühlingsrollen bezeichnen. Normalerweise füllt man sie mit Fleisch, Kartoffeln, Käse oder Hühnerlebern und reicht sie an jüdischen Feiertagen als Vorspeise oder Canapé. Scamorza-Käse kommt aus Italien und ist in der Regel geräuchert. Er erinnert ein wenig an den italienischen Provolone. Ist Scamorza nicht erhältlich, können Sie getrost auf Letzteren ausweichen.

250 g mehlige Kartoffeln, geschält und in größere Stücke geschnitten
6 Frühlingszwiebeln, gehackt
75 g Butter
125 g Ricotta-Käse, abgetropft (siehe Tipp)
125 g frischer Spinat, blanchiert, ausgepresst und grob gehackt
75 g Scamorza-Käse, dünn geschnitten
3 EL Rosinen, für 30 Minuten in heißem Wasser eingeweicht und gut abgetropft
Frische Brotkrumen (Tipp Seite 86)
3 große Blätter Filloteig (ersatzweise Strudelteig)
Salz und frisch gemahlener schwarzer Pfeffer

Die Kartoffeln in einen Topf füllen, mit kaltem Wasser bedecken, leicht salzen und zum Kochen bringen. Die Hitze reduzieren, knapp gar kochen und gut abtropfen lassen. Die Kartoffeln zurück in den Topf füllen und bei geringer Hitze ausdampfen lassen. In eine große Schüssel umfüllen und fein zerstampfen oder durch eine Kartoffelpresse drücken. Die Frühlingszwiebeln, 25 Gramm Butter, die abgetropfte Ricotta und den gehackten Spinat zu den Kartoffeln geben und untermischen. Mit Salz und Pfeffer abschmecken. Den Scamorza und die eingeweichten Rosinen untermengen und zum Schluss so viele Brotkrumen dazugeben, bis eine feste Masse entsteht. Abkühlen lassen.

Den Backofen auf 190 °C (Umluft 170 °C, Gas Stufe 3) vorheizen. Die übrige Butter in einem kleinen Topf zerlassen. Das erste Filloteigblatt auf eine Arbeitsfläche legen und mit der zerlassenen Butter einstreichen. Das zweite Teigblatt darüber legen und ebenfalls mit Butter bestreichen. Das dritte Teigblatt darüber legen und den Vorgang wiederholen. Den geschichteten Filloteig parallel in vier gleich große Bänder schneiden und diese wiederum in der Mitte durchschneiden, so dass acht gleich große Teigstücke entstehen. 2 bis 3 Esslöffel Kartoffelfüllung auf jedes Teigstück setzen, die Ränder einschlagen und zu kleinen Frühlingsrollen einrollen. Die Knishes mit der übrigen Butter bestreichen und auf ein leicht gefettetes Backblech legen. In 10 bis 12 Minuten im Backofen goldbraun und knusprig backen.

Tipp

RICOTTA LÄSST MAN ABTROPFEN, indem man einen Durchschlag mit einem Musselintuch oder einem dünnen Küchentuch auslegt und diesen in eine Schüssel stellt. Den Ricotta-Käse hineinfüllen, das Musselintuch darüber einschlagen und die Enden mit einer Schnur zubinden. Über Nacht an einem kühlen Ort stehen lassen, damit die überschüssige Flüssigkeit abtropfen kann.

Rustikale Törtchen mit Kartoffeln, Roquefort und Walnüssen

- 2 EL Olivenöl
- 1 Zwiebel, fein geschnitten
- 1 TL Thymianblätter
- 350 g kleine festkochende Kartoffeln, in dünne Scheiben geschnitten (aber nicht geschält)
- 1 EL Schnittlauch, geschnitten
- 200 g Roquefort, in 1 cm große Würfel geschnitten
- 2 EL gehackte Walnusskerne
- 2 EL Crème fraîche
- 375 g TK-Blätterteig, über Nacht im Kühlschrank aufgetaut
- Salz und frisch gemahlener schwarzer Pfeffer

Das Olivenöl in einem Topf erhitzen, die Zwiebel und den Thymian zugeben und 8 bis 10 Minuten dünsten, bis die Zwiebeln leicht Farbe genommen haben. Die Kartoffeln in kochendem gesalzenem Wasser 5 bis 8 Minuten kochen. In einem Durchschlag abtropfen lassen.

Zwiebel, Thymian, Kartoffeln, Schnittlauch, Käse, Walnüsse und Crème fraîche in einer Schüssel verrühren und mit Salz und Pfeffer abschmecken. Bis zur weiteren Verwendung in den Kühlschrank stellen.

Den Backofen auf 200 °C (Umluft 180 °C, Gas Stufe 3–4) vorheizen. Den Blätterteig aus dem Kühlschrank nehmen und auf einer bemehlten, kühlen Arbeitsfläche 3 mm dick zu einem Rechteck ausrollen. Den Teig in sechs gleich große Vierecke schneiden. Die Teigstücke auf ein Backblech legen und die Füllung darauf gleichmäßig verteilen. Dabei bei jedem Teigviereck einen 1 cm starken Rand lassen. Die Ränder mit einem spitzen Messer dekorativ kreuzweise einritzen und die Törtchen in 20 bis 25 Minuten goldbraun backen.

Kartoffel-Lauch-Torte

Dieser Kuchen wird mit einer Kartoffel-Lauch-Füllung und Crème fraîche zubereitet, schmeckt köstlich und ist schnell gemacht. Ich serviere ihn gerne zu einem knackigen Friséesalat mit Haselnussöl-Dressing.

450 g TK-Blätterteig, über Nacht im Kühlschrank aufgetaut
200 g festkochende Kartoffeln
15 g Butter
1 EL Pflanzenöl
150 g kleine Lauchstangen, geschnitten
2 EL Crème fraîche
1 TL Thymianblätter
2 TL Dijonsenf
1/2 TL frisch gemahlene Muskatnuss
Mit etwas Milch verquirltes Ei zum Bestreichen
Salz und frisch gemahlener schwarzer Pfeffer

Den Blätterteig in zwei Hälften teilen. Jede Teighälfte auf einer leicht bemehlten, kühlen Arbeitsfläche zu einer 25 cm großen Scheibe ausrollen. Beide Scheiben auf ein Backblech legen und eine Scheibe mit einer Gabel einstechen. In den Kühlschrank stellen, bis der Teig wieder fest geworden ist.

Die Kartoffeln mit der Schale in einem Topf mit kochendem gesalzenem Wasser zum Kochen bringen und weich kochen. In einem Durchschlag abtropfen und etwas abkühlen lassen. Die Kartoffeln schälen und in 1 cm dicke Scheiben schneiden.

Die Butter und das Öl in einem Topf erhitzen. Den Lauch hineingeben und in 4 bis 5 Minuten weich dünsten. Crème fraîche, Thymian, Senf und Muskatnuss dazugeben und mit Salz und Pfeffer abschmecken.

Den Backofen auf 200 °C (Umluft 180 °C, Gas Stufe 3–4) vorheizen. Ein Drittel der Kartoffelscheiben auf der eingestochenen Teigscheibe verteilen, dabei einen 2,5 cm breiten Rand lassen. Die Hälfte der Lauchmischung auf die Kartoffeln geben, eine weitere Lage Kartoffeln darauf verteilen und die restliche Lauchmischung darüber geben. Die übrigen Kartoffeln darauf verteilen und die zweite Teigscheibe darauf setzen. Die Ränder leicht zusammenpressen. Mit einem scharfen Messer die Teigränder dekorativ einschneiden und mit der Spitze des Messers von der Mitte der Torte rundherum bogenartige Einkerbungen nach außen ziehen. Mit dem verquirlten Ei bestreichen und in 35 bis 40 Minuten goldbraun backen.

Pie mit Kartoffeln, Mozzarella und Salami

600 g große Neue Kartoffeln,
50 g Butter, zerlassen
12 Blätter Filloteig (ersatzweise Strudelteig)
2 EL grob gehackte glatte Petersilie
100 g Salami, dünn geschnitten
1 Büffelmozzarella, in dünne Scheiben geschnitten
5 Eier, hart gekocht und in dünne Scheiben geschnitten
100 ml Crème fraiche
Salz und frisch gemahlener schwarzer Pfeffer

Die Kartoffeln mit der Schale in kochendem gesalzenem Wasser knapp gar kochen. In einem Durchschlag abtropfen und abkühlen lassen. Schälen und in 5 mm dicke Scheiben schneiden.

Den Backofen auf 200 °C (Umluft 180 °C, Gas Stufe 3–4) vorheizen. Eine Springform (Ø 18 bis 20 cm) mit einem Teil der Butter fetten. Die Form mit Filloteig auslegen und den Teig an den Rändern überhängen lassen. Die Filloschicht mit Butter bestreichen, das nächste Filloteigblatt darüber legen und erneut mit zerlassener Butter einstreichen. Diesen Arbeitsschritt wiederholen, bis der gesamte Teig aufgebraucht ist.

Die gekochten Kartoffeln gut würzen und die Hälfte davon in überlappenden Scheiben in den Boden der Form schichten. Die Hälfte der gehackten Petersilie darüber streuen, die Hälfte der Salami überlappend darüber schichten. Mit der Hälfte der Mozzarella ebenso verfahren. Mit den geschnittenen Eierscheiben belegen. Die Crème fraîche darüber löffeln. Die zweite Hälfte der Salami und die übrige Mozzarella darüber schichten, die restliche Petersilie darüber streuen. Mit der letzten Lage Kartoffeln abschließen und den Pie nach Geschmack salzen und pfeffern. Den überhängenden Filloteig über der Füllung einschlagen und mit der restlichen Butter bestreichen.

20 bis 25 Minuten backen, bis die Pastete goldbraun und knusprig ist. Den Pie leicht abkühlen lassen und die Form öffnen. Auf eine Platte geben, in dicke Stücke aufschneiden und heiß oder lauwarm servieren. Schmeckt köstlich!

steak 'n' kidney pie mit pilzen in kartoffelteig

Für diesen klassischen britischen Pie verwende ich einen Kartoffel-Blätterteig. Das Pastinaken-Kartoffelpüree mit Honig und Senf ist eine ideale Beilage.

750 g Rindfleisch (Oberschale oder Schulter)
250 g Kalbsnierchen in 2,5 cm große Würfel geschnitten
4 EL Pflanzenöl
50 g Butter
1 Zwiebel, fein gehackt
4 EL Worcestersauce
2 EL Tomatenmark
50 g Mehl
300 ml Stout oder herbes Pils
750 ml Rinderbrühe
250 g weiße Champignons, halbiert
Etwas verquirltes Ei zum Bestreichen
Salz und frisch gemahlener schwarzer Pfeffer

Für den Kartoffelteig:
150 g Mehl
1 Msp. Backpulver
100 g zimmerwarme, fein zerstampfte oder durch eine Kartoffelpresse gedrückte Kartoffeln (ohne Milch, Butter oder Sahne)
150 g Butter, in kleine Stücke geschnitten
5 EL eiskaltes Wasser

Für den Kartoffelteig Mehl und Kartoffeln vermischen und 100 Gramm Butter mit den Zutaten zermürben. Kaltes Wasser dazugießen und die Zutaten rasch zu einem Teig kneten. In eine Schüssel geben und zugedeckt 30 Minuten ruhen lassen. Zu einem 5 mm dicken und 15 x 20 cm großen Rechteck ausrollen. Die Hälfte der übrigen Butter über zwei Drittel des Teigs in Flocken verteilen. Das letzte Teigdrittel über die Hälfte des gebutterten Teil des Teigs einschlagen und das freie gebutterte Teigdrittel darüber einschlagen. Die Ränder des Teigs zusammendrücken. Teig um 90 ° drehen und wieder zu einem Rechteck ausrollen. Wie zuvor mit Butterflocken belegen, einschlagen und die Ränder zusammendrücken. Zugedeckt etwa 2 Stunden kaltstellen.

Für die Füllung den Backofen auf 160 °C (Umluft 150 °C, Gas Stufe 1) vorheizen. Fleisch und Nierchen salzen und pfeffern. Das Öl in einer großen, schweren Kasserolle erhitzen und das Fleisch nach und nach kurz von allen Seiten scharf anbraten und herausnehmen. Die Nierchen kurz in der Pfanne andünsten und getrennt beiseite stellen. Die Zwiebel mit der Butter in der Kasserolle goldbraun braten. Das Fleisch und die Worcestersauce dazugeben und 2 bis 3 Minuten garen. Tomatenmark untermischen, Mehl hineinrieseln lassen und unter Rühren 3 bis 4 Minuten kochen. Bier und Brühe dazugießen und unter Rühren zum Kochen bringen. Zugedeckt bei niedriger Hitze in etwa 2 Stunden im Ofen weich garen. Pilze und Nierchen 15 Minuten vor Ende der Garzeit dazugeben und die Füllung mit Salz und Pfeffer abschmecken. In eine ofenfeste Schüssel umfüllen.

Den Teig auf einer leicht bemehlten Arbeitsfläche 3 mm dick ausrollen und über die Schüssel mit der Füllung legen. Den Teig mit Ei bestreichen und bei 190 °C (Umluft 170 °C, Gas Stufe 3) in 30 bis 35 Minuten goldbraun backen. Vor dem Servieren etwas abkühlen lassen.

VIELE REZEPTE dieses Buches kann man als Hauptgang reichen. In diesem Kapitel stelle ich Gerichte vor, die sich durch die Art ihrer Zubereitung oder den benötigten Zeit- und Arbeitsaufwand als Hauptgang geradezu anbieten. Viele darunter lassen sich gut in größeren Mengen zubereiten, wie Brixham Fish Pie (Seite 141), Irish Stew (Seite 153), My Favourite Cottage Pie (Seite 152) und Lamm-Kartoffel-Hotpot (Seite 155). Diese Rezepte – vorausgesetzt, Sie bereiten sie sorgfältig zu – sind die Krönung eines jeden Menüs.

Andere Gerichte in diesem Kapitel eignen sich eher für „besondere Anlässe“. Sie demonstrieren, dass Kartoffeln perfekt mit extravaganten, edlen Zutaten harmonieren, z. B. bei Petersfisch mit Morcheln, Trüffeln und Kartoffelsauce (Seite 137) oder Loup de Mer mit Kartoffel-Fenchel-Kruste (Seite 140). Bei Steinbutt mit Pancetta und Kalmar (Seite 144) ersetzen Sie sogar den Reis in einem Risotto.

Als vegetarischer Hauptgang sind Kartoffeln geradezu ideal. Zwar gibt es in diesem Kapitel nur drei rein vegetarische Rezepte, aber Anregungen und Ideen dazu finden Sie in praktisch allen Kapiteln dieses Buches.

Haupt-gerichte

Makrelen-Plaki mit Safran-Kartoffeln, Zitrone und Tomate

Plaki ist ein leicht zuzubereitendes griechisches Fisch- und Gemüsegericht, das im Ofen gebacken wird. Ich verwende gerne Makrele, denn sie ist meines Erachtens von allen preisgünstigeren Fischen der beste. Frische Makrele besitzt einen wunderbaren Geschmack und eignet sich aufgrund des hohen Fettgehalts (ca. 12 %) sehr gut zum Braten, Grillen, Schmoren und Räuchern.

6 EL Olivenöl
1 kleine rote Zwiebel, in Ringe geschnitten
3 Knoblauchzehen, zerdrückt
1/2 TL Thymianblätter
1/2 TL Oreganoblätter
4 Eiertomaten, enthäutet, die Samen entfernt und das Fruchtfleisch gewürfelt
16 schwarze Oliven
350 g kleine Neue Kartoffeln, geschält und in dünne Scheiben geschnitten
1/4 TL Safranfäden
4 große Makrelen, ausgenommen und gesäubert
150 ml trockener Weißwein
Saft von 2 Zitronen
Geriebene Schale von 1 unbehandelten Zitrone
Salz und frisch gemahlener schwarzer Pfeffer

Den Backofen auf 180 °C (Umluft 160 °C, Gas Stufe 2–3) vorheizen. 4 Esslöffel des Olivenöls in einer Bratpfanne erhitzen, die Zwiebel und den Knoblauch hineingeben und weich dünsten. Die Hälfte des Thymians und des Oreganos, die Tomaten und die Oliven dazugeben und umrühren. Die geschnittenen Kartoffeln hinzufügen, den Safran darüber streuen und gerade so viel Wasser dazugießen, dass die Kartoffeln knapp bedeckt sind. Die Kartoffeln in 5 bis 10 Minuten gar kochen.

Eine große ofenfeste Form mit dem übrigen Olivenöl einfetten. Den Fisch innen und außen salzen und pfeffern und in die Form legen. Den restlichen Thymian und Oregano darüber streuen und die Kartoffelmischung über den Fisch verteilen. Weißwein und Zitronensaft mit der abgeriebenen Zitronenschale darüber gießen, in den Backofen schieben und ohne Deckel 20 bis 25 Minuten backen, bis die Makrele durch ist.

Petersfisch mit Morcheln, Trüffeln und Kartoffelsauce

Ein exquisites Fischgericht mit exklusiven Zutaten für ganz besondere Anlässe. Nicht gerade preisgünstig, aber warum sollte man sich nicht gelegentlich etwas Gutes gönnen. Ein adäquater Ersatz für Petersfisch ist weißer Heilbutt, Glattbutt oder Steinbutt.

175 g Salatkartoffeln, wie Sieglinde, Hansa oder Nicola, geschält
4 Petersfischfilets (à 175 g) oder anderen Fisch mit festem weißem Fleisch
100 ml Geflügelbrühe
20 kleine Lauchstangen, in 7,5 cm lange Stücke geschnitten
10 g kleinere getrocknete Morcheln, 30 Minuten in heißem Wasser eingeweicht und abgetropft
200 ml Vollmilch
100 g Sahne
50 g kalte Butter
1 EL geschnittener Schnittlauch
1 frischer schwarzer Trüffel, dünn gehobelt (ersatzweise aus der Dose)
Salz und frisch gemahlener schwarzer Pfeffer

Den Backofen auf 200 °C (Umluft 180 °C, Gas Stufe 3–4) vorheizen. Die Kartoffeln in kochendem gesalzenem Wasser weich kochen und in einem Durchschlag gut abtropfen lassen. Die Kartoffeln fein zerstampfen oder durch eine Kartoffelpresse drücken und beiseite stellen.

Eine große Backform leicht buttern. Die Fischfilets mit Salz und Pfeffer würzen und in die Form legen. Die Geflügelbrühe in einem Topf zum Kochen bringen. Den Lauch und die eingeweichten Morcheln dazugeben und in 4 bis 5 Minuten bei schwacher bis mittlerer Hitze gar kochen. Pilze und Gemüse mit einem Schaumlöffel herausnehmen und beiseite stellen. Die Milch in die Brühe geben und die Flüssigkeit über die Fischfilets gießen. Die Filets mit leicht gebuttertem Backpapier zudecken und 6 bis 8 Minuten in den Backofen schieben, bis die Filets gerade gar sind. Die Form aus dem Ofen nehmen und die Garflüssigkeit durch ein Sieb in einen sauberen Topf abgießen. Die zerstampften Kartoffeln und die Sahne hineingeben und mit einem Schneebesen glatt rühren. Die Hälfte der kalten Butter in kleine Stücke schneiden und nach und nach unter die Sauce schlagen. Den Schnittlauch dazugeben und die Sauce mit Salz und Pfeffer abschmecken.

Die übrige Butter in einem Topf erhitzen. Lauch, Morcheln und Trüffelscheiben hineingeben und kurz erhitzen. Mit Salz und Pfeffer abschmecken. Die Fischfilets auf vier Suppenteller verteilen, die Kartoffelsauce darüber gießen und mit der Lauch-Pilze-Mischung servieren.

Garnelen-Spiedini mit Paprika-Senf-Mayonnaise

Tipp

RIESENGARNELEN SCHÄLEN UND DEN DARM ENTFERNEN. **Dazu den Oberkörper, die so genannte Nase, herausdrehen (wenn noch vorhanden) und die Schwänze vorsichtig schälen. Entweder entfernen Sie die gesamte Schale oder Sie lassen das Schwanzende intakt. Zum Entfernen des Darms schneidet man die Garnele am Rücken mit einem kleinen Messer flach ein und zieht den dunklen Darmstrang heraus.**

Vier große Holzspieße 1 Stunde in kaltem Wasser einweichen (dadurch verkohlen die Spieße beim Grillen nicht so schnell). Inzwischen die Kartoffeln mit der Schale in kochendem gesalzenem Wasser gar kochen (sie sollten noch etwas fest sein). In einem Durchschlag abtropfen und abkühlen lassen und halbieren.

Senf, Balsamico, Öl, Basilikum und Zitronensaft in einer Schüssel glatt rühren. Die Spieße abtropfen lassen und Zucchini, Riesengarnelen und Kartoffeln abwechselnd aufspießen. Die Spieße in eine flache Form legen und mit Salz und Pfeffer würzen. Die Marinade über die Spieße gießen und die Form 2 bis 3 Stunden bei Zimmertemperatur stehen lassen. Inzwischen alle Zutaten für die Mayonnaise miteinander verrühren und mit Salz und Pfeffer abschmecken.

Eine gerillte Grillpfanne mit etwas Olivenöl bestreichen und sehr stark erhitzen. Die Spieße unter häufigem Wenden 8 bis 10 Minuten grillen, bis die Riesengarnelen und die Gemüse erste dunkle Stellen bekommen und die Gemüse weich sind. Die Spieße zusammen mit der Paprika-Senf-Mayonnaise servieren.

400 g kleine Neue Kartoffeln
2 TL Dijonsenf
3 EL Balsamico
3 EL Olivenöl
10 Basilikumblätter, gezupft
1 EL Zitronensaft
3 Zucchini, in 1 cm dicke Scheiben geschnitten
20 große rohe Riesengarnelen, geschält und den Darm entfernt
Salz und frisch gemahlener schwarzer Pfeffer

Für die Paprika-Senf-Mayonnaise:
150 ml gute Salatmayonnaise
1 TL Rosenpaprika
1 TL grobkörniger Senf (Moutarde de Meaux)
Saft von 1/2 Zitrone
1 Knoblauchzehe, zerdrückt

Loup de mer mit Kartoffel-Fenchel-Kruste

Loup de mer (Seewolf) und Fenchel sind eine klassische Kombination. Die knusprige, mit Fenchelsamen aromatisierte, Kartoffelkruste passt perfekt zum weichen Fleisch des Loup de mer.

- **2 große fest kochende Kartoffeln**
- **1 kleine Knoblauchzehe, zerdrückt**
- **2 TL Fenchelsamen, kurz in einer Pfanne ohne Fett geröstet**
- **100 ml Vollmilch**
- **2 Eigelbe**
- **4 Filets (à 175 g) vom Loup der mer (Seewolf), ohne Haut**
- **Olivenöl zum Braten**
- **20 frisch gekochte Spargelspitzen**
- **25 g Butter**
- **Salz und frisch gemahlener schwarzer Pfeffer**

Für das Dressing:

- **1/2 TL Dijonsenf**
- **1 EL Zitronensaft**
- **1 EL Champagneressig**
- **4 EL Olivenöl**
- **1 Schalotte, fein gehackt**
- **8 schwarze Oliven, entsteint und gehackt**
- **1 EL geschnittener Schnittlauch**
- **2 Eiertomaten, enthäutet, die Samen entfernt und das Fruchtfleisch gehackt**

Den Backofen auf 200 °C (Umluft 180 °C, Gas Stufe 3–4) vorheizen. Die Kartoffeln exakt gar kochen und abkühlen lassen. Schälen und mit dem groben Einsatz einer Vierkantreibe in eine Schüssel reiben. Den Knoblauch und die gerösteten Fenchelsamen dazugeben und die Kartoffeln mit Salz und Pfeffer kräftig würzen.

Die Milch und die Eier miteinander verrühren. Den Fisch salzen und pfeffern und die Filets mit der Schnittseite in die Ei-Milch-Mischung tauchen. Die Schnittseite der Filets mit der Kartoffelmasse bedecken und leicht andrücken, damit sie fest an den Filets klebt.

Für das Dressing Senf, Zitronensaft und Essig in eine Schüssel geben und glatt rühren. Das Olivenöl mit einem Schneebesen untermischen. Die restlichen Zutaten hinzufügen und das Dressing in einen Topf umfüllen und leicht erhitzen.

Etwas Olivenöl in einer Pfanne erhitzen. Sobald die Pfanne sehr heiß ist, die Filets mit der Kartoffelmasse nach unten in die Pfanne geben und 1 bis 2 Minuten braten, bis die Kruste Farbe nimmt. Die Hitze reduzieren und 1 bis 3 Minuten weiter braten. Wenden und von der anderen Seite kurz braten.

Den Spargel rasch in der Butter erhitzen und nach Geschmack würzen. Auf Tellern anrichten, die Fischfilets mit der Kartoffel-Fenchel-Kruste darüber anrichten und das warme Dressing ringsum verteilen.

Brixham Fish Pie

Während meiner Zeit bei der TV-Sendung This Morning *wählte ich diesen Fish Pie als Beispiel für die typisch britische Küche. Es hat riesig Spaß gemacht, besonders mit dem Kamerateam, das sich sofort auf den Pie stürzte.*

1 kg mehlige Kartoffeln, geschält und in größere Stücke geschnitten
75 g Butter
225 g Lachsfilet ohne Haut
225 g Kabeljaufilet ohne Haut
600 ml Vollmilch
1 Lorbeerblatt
2 EL gehackter Dill und einige Stängel zusätzlich
6 frische Jakobsmuscheln geputzt und horizontal halbiert
1 Zwiebel, gehackt
50 g Mehl
300 g Sahne
125 g Nordseekrabben, gegart und geschält
100 g Cheddar-Käse, gerieben
Salz und frisch gemahlener schwarzer Pfeffer

Die Kartoffeln in einen Topf füllen, mit kaltem Wasser bedecken, leicht salzen und zum Kochen bringen. Die Hitze reduzieren und die Kartoffeln gar kochen. In einem Durchschlag abtropfen lassen und zurück in den Topf geben. Die Kartoffeln mit einer Gabel nur leicht zerdrücken, so dass noch grobe Stücke erhalten bleiben. Ein Drittel der Butter untermischen und das Püree mit Salz und Pfeffer abschmecken. Beiseite stellen.

Den Lachs und den Kabeljau in einen großen, tiefen Topf legen, die Milch darüber gießen und das Lorbeerblatt und einige Dillstängel dazugeben. Zum Kochen bringen, die Hitze reduzieren und den Fisch 3 bis 4 Minuten garen. Die Jakobsmuscheln dazugeben und mit dem Fisch 1 weitere Minute garen. Fisch und Muscheln mit einem Schaumlöffel herausnehmen. Die Garflüssigkeit durch ein Sieb abgießen und beiseite stellen. Die Fischfilets grob zerpflücken und mit den Jakobsmuscheln in eine gebutterte Kasserolle (Inhalt ca. 1,2 Liter) geben.

Den Backofen auf 200 °C (Umluft 180 °C, Gas Stufe 3–4) vorheizen. Die übrige Butter in einem Topf schmelzen, die Zwiebel dazugeben und bei schwacher Hitze weich dünsten. Das Mehl unterrühren und ca. 1 Minute kochen. Vom Herd nehmen und die beiseite gestellte Milch nach und nach unterrühren, bis eine Sauce entsteht. Unter ständigem Rühren erneut zum Kochen bringen. 5 Minuten kochen lassen, die Sahne dazugießen und die Sauce wieder erhitzen. Den gehackten Dill und die Nordseekrabben dazugeben und alles mit Salz und Pfeffer abschmecken. Die Sauce über den Fisch gießen. Die zerdrückten Kartoffeln darüber geben, so dass der Fisch vollständig bedeckt ist. Den Käse darüber verteilen und den Fisch 20 bis 25 Minuten backen, bis die Kartoffeln goldbraun sind und die Sauce Blasen wirft.

Fischfrikadellen mit Sauce tartare

Tipp

PANKO-BROTKRUMEN werden in der asiatischen Küche vor allem zum Frittieren verwendet und machen Paniertes sehr knusprig. Man bekommt sie in japanischen Lebensmittelgeschäften oder Asia-Shops. Ersatzweise können Sie auch selbstgemachte frische Brotkrumen (Tipp Seite 86) trocknen lassen.

Fischfrikadellen bereite ich nicht sehr häufig zu, vielleicht deshalb, weil sie in meiner Schulzeit fast täglich auf den Teller kamen. Sei's drum, sorgfältig zubereitet schmecken sie ausgezeichnet! Hier ein großartiges Rezept mit einem ausgewogenen Anteil an Fisch und Kartoffeln. Die Sauce tartare wird mit etwas leicht geschlagener Sahne verfeinert, das macht sie lockerer.

Für die Sauce tartare:
- 2 Schalotten, fein gehackt
- 1 EL fein gehackte Cornichons
- 1 EL sehr kleine Kapern, gewässert und abgetropft
- 1/2 TL Dijonsenf
- 100 ml gute Salatmayonnaise
- 4 EL Sahne, halb steif geschlagen

- 250 g fein zerstampfte oder durch eine Kartoffelpresse gedrückte Kartoffeln (ohne Milch, Butter oder Sahne)
- 400 g Lachsfilet, gegart und ohne Haut
- 100 g Nordseekrabben, gegart und geschält
- Cayennepfeffer
- 2 EL gehackte gemischte Kräuter, wie Dill, Petersilie und Schnittlauch
- 1 großes Eigelb
- Mehl zum Bestäuben
- 2 Eier, leicht geschlagen
- 150 g Panko (japanische Brotkrumen, siehe Tipp) oder frische weiße Brotkrumen (Tipp Seite 86)
- Pflanzenöl zum Frittieren
- Salz und frisch gemahlener schwarzer Pfeffer
- Zitronenspalten zum Garnieren

Für die Sauce tartare, Schalotten, Cornichons, Kapern, Senf und etwas Salz und Pfeffer in die Mayonnaise rühren und die geschlagene Sahne unterheben. Bis zum Servieren in den Kühlschrank stellen.

Die zerstampften Kartoffeln in eine große Schüssel geben. Den gegarten Lachs zerpflücken und mit den Nordseekrabben dazugeben. Mit Cayennepfeffer, Salz und schwarzem Pfeffer abschmecken und die Kräuter und das Eigelb untermischen. Die Masse auf eine bemehlte Arbeitsfläche geben und in acht Bällchen teilen. Die Bällchen mit Mehl bestäuben, durch das Ei ziehen und mit den Panko-Brotkrumen panieren.

Ausreichend Öl in einer Fritteuse oder einer tiefen Bratpfanne auf 180 °C erhitzen. Die Fischfrikadellen in 3 bis 4 Minuten goldbraun und knusprig frittieren. Auf Küchenkrepp abtropfen lassen und mit der Sauce tartare und einigen Zitronenspalten servieren.

Gebackene Brasse auf Kartoffel-Fenchel-Boulangère

Dieses Rezept ist den klassischen Bäckerinkartoffeln entlehnt, die mit Kartoffeln und Zwiebeln zubereitet werden und die man in einer aromatischen Brühe bäckt. Die Zwiebeln ersetze ich durch dünn geschnittenen Fenchel, was fantastisch mit dem wunderbaren Geschmack des Fisches harmoniert. Auch Salsa verde passt sehr gut zu diesem feinen Fisch.

4 EL Olivenöl
2 große Fenchelknollen, dünn geschnitten
1 Zwiebel, dünn geschnitten
600 g fest kochende Kartoffeln, geschält und in 3 mm dicke Scheiben geschnitten
750 ml Geflügelbrühe
25 g Butter, in kleine Stücke geschnitten
4 Sackbrassenfilets à 150g (oder Zahnbrasse, Dorade Royale oder Graubrasse)
Grobes Meersalz und frisch gemahlener schwarzer Pfeffer

Den Backofen auf 200 °C (Umluft 180 °C, Gas Stufe 3-4) vorheizen. 2 Esslöffel des Olivenöls in einem Topf erhitzen, den Fenchel und die Zwiebel hineingeben und bei schwacher Hitze goldgelb dünsten.

Eine irdene Auflaufform mit etwas Öl bestreichen. Eine Schicht Kartoffeln auf dem Boden verteilen. Salzen und pfeffern. Die Fenchelmischung darüber verteilen und die übrigen Kartoffeln dekorativ und leicht überlappend darauf schichten. Salzen und pfeffern und die Brühe so darüber gießen, dass das Gemüse knapp bedeckt ist. Die kleinen Butterstücke darüber verteilen und die Form für etwa 30 Minuten in den Backofen stellen, bis die Fenchel-Bäckerinkartoffeln goldbraun und knusprig sind.

Die Form aus dem Ofen nehmen. Die Fischfilets würzen und gleichmäßig auf den Kartoffeln verteilen. Mit dem übrigen Olivenöl einstreichen und die Form für 8 bis 10 Minuten erneut in den Ofen geben, bis der Fisch gar ist.

STEINBUTT MIT PANCETTA, KALMAR UND KARTOFFEL-RISOTTO

Bei diesem Risotto wird der Reis durch Kartoffeln ersetzt. Die Kalmare werden in Speck gebraten, wodurch sie wunderbar zart und saftig bleiben.

350 g große Neue Kartoffeln, geschält
100 g frische oder gefrorene Erbsen
4 EL Olivenöl
2 Schalotten, fein gehackt
Blätter von 1 Zweig Thymian und 4 Zweige Thymian zum Garnieren
1 Knoblauchzehe, zerdrückt
425 ml Geflügelbrühe
4 EL Sahne
25 g Parmesan, frisch gerieben
2 große Kalmare, gesäubert
4 große dünne Scheiben Pancetta (insgesamt etwa 100 g)
50 g Butter
4 Steinbuttfilets à 175 g (ersatzweise Glattbutt, weißer Heilbutt oder Kabeljau)
Salz und frisch gemahlener schwarzer Pfeffer

Für die Rotweinsauce:
5 EL Rotweinessig
2 Schalotten, gehackt
1 Zweig Thymian
1 Lorbeerblatt
150 ml Rotwein
300 ml Fleischbrühe

Mit einer Küchenmandoline oder einem großen scharfen Messer die Kartoffeln in winzige, etwa reiskorngroße Würfel schneiden und in kaltes Wasser legen. Die Erbsen in kochendem gesalzenem Wasser gar kochen, mit einem Schaumlöffel herausnehmen und in eiskaltem Wasser abschrecken. Beiseite stellen. Die Hälfte des Olivenöls in einem Topf erhitzen. Schalotten, Thymian und Knoblauch zugeben und bei schwacher Hitze 2 bis 3 Minuten andünsten. Die Kartoffeln gut abtropfen lassen und mit einem sauberen Tuch trockentupfen. Zu den Schalotten geben und kurz braten. Die Geflügelbrühe nach und nach in kleinen Mengen angießen, bis alle Flüssigkeit absorbiert und verdampft ist und die Kartoffeln gar sind. Sahne, Parmesan und Erbsen dazugeben und mit Salz und Pfeffer abschmecken. Warm stellen.

Den Backofen auf 200 °C (Umluft 180 °C, Gas Stufe 3–4) vorheizen. Die Kalmare längs in 5 mm dicke Streifen schneiden. In vier Portionen aufteilen und um jede Portion eine Scheibe Pancetta wickeln. Die Butter und das übrige Öl in einem großen ofenfesten Topf erhitzen. Die Steinbuttfilets und die Kalmarbündel salzen und pfeffern und kurz von beiden Seiten darin bräunen. Thymianzweige darüber legen und 3 bis 4 Minuten im Ofen braten, bis der Fisch gerade durch ist. Aus dem Ofen nehmen und warm stellen.

Für die Sauce Essig, Schalotten, Thymian und das Lorbeerblatt in einen Topf geben und zum Kochen bringen. Den Rotwein dazugießen und einkochen, bis nahezu die gesamte Flüssigkeit verdampft ist. Die Geflügelbrühe dazugießen und die Sauce einkochen, bis sie gut bindet.

Das Kartoffelrisotto auf vier Tellern anrichten. Die Steinbuttfilets und die Kalmarbündel darauf legen. Die Rotweinsauce herum gießen, mit dem Thymian garnieren und servieren.

Knoblauch-Huhn mit Zitronen-Rosmarin-Kartoffeln und Oliven

Tipp

FÜR EINE SAUCE, DIE DIE ZUTATEN GLASIERT, also glänzend überzieht, nehmen Sie am besten eine gelatinereiche Brühe. Gelatinereich wird sie, wenn die Brühe mit vielen Knochen oder bindegewebereichem Fleisch gekocht wird. Fertige Geflügelbrühe ist heute in vielen Supermärkten in Gläsern oder Konserven erhältlich.

Den Backofen auf 200 °C (Umluft 180 °C, Gas Stufe 3–4) vorheizen. Das Olivenöl und die Butter in einer großen ofenfesten Bratpfanne oder einer gusseisernen Reine erhitzen. Die Hähnchenstücke in einer Lage hineingeben, die Knoblauchzehen und das Lorbeerblatt dazugeben und 8 bis 10 Minuten braten, bis die Stücke von allen Seiten Farbe genommen haben. Mit Alufolie abdecken, in den Ofen schieben und 25 Minuten backen. Inzwischen die Kartoffeln in kochendem gesalzenem Wasser in 8 bis 10 Minuten halb gar kochen. In einem Durchschlag gut abtropfen lassen und die Kartoffeln in 2,5 cm große Stücke teilen.

Den Wein in die Pfanne oder Reine gießen und die Hähnchenstücke vom Boden lösen. Dabei das Fleisch in dem Wein wenden. Die Kartoffeln sowie Rosmarin, Zitronenschale, Oliven, Brühe und etwas Salz und Pfeffer dazugeben und die Pfanne oder Reine erneut in den Backofen schieben und das Gericht ohne Deckel 15 Minuten backen, bis die Sauce so sehr reduziert ist, dass die Hähnchenstücke damit glänzend überzogen sind. Aus dem Ofen nehmen, den Balsamico untermischen und servieren.

4 EL Olivenöl
25 g Butter
6 Hähnchenbrüste, ohne Haut und Knochen, in größere Stücke geschnitten
12 Knoblauchzehen, abgezogen und im Ganzen
1 Lorbeerblatt
275 g kleine fest kochende Kartoffeln
5 EL trockener Weißwein
1/2 EL grob gehackter Rosmarin
Fein geriebene Schale von 1 unbehandelten Zitrone
12 grüne Oliven
200 ml gute Geflügelbrühe
2 EL Balsamico

Schweinekoteletts mit würzigen geschmorten Kartoffeln und Chorizo

Chorizo ist eine wunderbar würzige und pikante Wurst aus Spanien, die inzwischen auch geräuchert erhältlich ist. Ihr rauchiges und intensives Aroma durchdringt alle Zutaten dieses Gerichts.

2 EL Pflanzenöl
4 Schweinekoteletts à 175 g
1 Zwiebel, fein gehackt
1 Knoblauchzehe, zerdrückt
1 grüne Paprika, gehackt
75 g geräucherte Chorizowurst, in dünne Scheiben geschnitten
300 g Nicola (oder andere fest kochende Kartoffeln)
1 Lorbeerblatt
1/4 TL Safranfäden
1 EL Harissa-Paste
450 ml Geflügelbrühe
8 schwarze Oliven
Salz und frisch gemahlener schwarzer Pfeffer

Die Hälfte des Öls in einer großen Bratpfanne fast bis zum Rauchpunkt erhitzen. Die Schweinekoteletts salzen und pfeffern und von beiden Seiten kurz anbraten und Farbe nehmen lassen. Aus der Pfanne nehmen und beiseite stellen. Das übrige Öl in der Pfanne erhitzen, die Zwiebel, den Knoblauch und die Paprika dazugeben und 2 bis 3 Minuten andünsten, bis die Gemüse beginnen, weich zu werden. Die Chorizowurst dazugeben und einige Minuten mitkochen. Die ungeschälten Kartoffeln, Lorbeerblatt, Safran und die Harissa-Paste hinzufügen und alle Zutaten mit der Geflügelbrühe bedecken. Zum Kochen bringen. Die Koteletts in die Pfanne geben und die Hitze reduzieren. Zugedeckt 20 bis 25 Minuten schmoren, bis das Fleisch und die Kartoffeln weich sind und die Sauce eingedickt ist. Die Oliven untermischen und servieren.

Schweinefleisch mit Süsskartoffeln, Tomaten, Basilikum und Chilischoten

Süßkartoffeln harmonieren sehr gut mit Tomaten und Gewürzen. Das langsame Garen verleiht dem Schweinefleisch eine wunderbare Konsistenz und bewahrt den natürlichen Bratensaft des Fleisches.

900 g Schweinebauch, Schwarte und Knochen entfernt
1/2 TL Kreuzkümmelsamen (Kumin), kurz in einer Pfanne ohne Öl geröstet
2 Knoblauchzehen, zerdrückt
150 ml Olivenöl
4 Süßkartoffeln mit orangefarbenem Fruchtfleisch, geschält und in 2,5 cm große Würfel geschnitten
2 Süßkartoffeln mit hellem Fruchtfleisch, geschält und in 2,5 cm große Würfel geschnitten
6 Eiertomaten, längs halbiert
90 ml Traubenkernöl
2 rote Chilischoten, dünn geschnitten
10 Basilikumblätter
2 EL Ketjap Manis (indonesische Sojasauce)
2 EL Mirin (japanischer süßer Reiswein)
100 ml Geflügelbrühe
Grobes Salz und frisch gemahlener schwarzer Pfeffer

Das Schweinefleisch in vier Stücke schneiden, mit Salz und Pfeffer würzen und in eine feuerfeste Form legen. Die Kreuzkümmelsamen und die Hälfte des Knoblauchs mit 100 Milliliter des Olivenöls im Mixer pürieren. Die Würzmarinade über das Fleisch gießen, die Form mit Klarsichtfolie abdecken und über Nacht in den Kühlschrank stellen.

Am nächsten Tag den Backofen auf 180 °C (Umluft 160 °C, Gas Stufe 2–3) vorheizen. Das marinierte Fleisch 30 Minuten im Ofen braten und leicht bräunen. Die Hitze auf 160 °C (Umluft 140 °C, Gas Stufe 1–2) reduzieren. Die Form mit Alufolie zudecken und für weitere 1 bis 1 1/2 Stunden braten, bis das Fleisch sehr zart ist.

Die Süßkartoffeln und die Tomaten in eine Reine geben, mit dem restlichen Öl beträufeln und in 40 bis 45 Minuten weich backen.

Für die Sauce das Traubenkernöl mit dem übrigen Knoblauch, den Chilischoten, Basilikum, Ketjap Manis, Mirin und der Geflügelbrühe in einem Topf verrühren. Mit Salz und Pfeffer würzen und zum Kochen bringen. Erneut abschmecken.

Die Kartoffeln und die Tomaten auf vier Tellern anrichten. Das Fleisch in 5 mm dicke Tranchen schneiden und auf den Süßkartoffeln anrichten. Das Basilikum-Chili-Dressing darüber träufeln und servieren.

Bratwürste mit karamellisierten schwarzen Kartoffeln, roten Zwiebeln und Knoblauch

Ein wohltuendes, schmackhaftes Gericht und eine interessante Abwechslung zu den gewöhnlichen Bratwürsten mit Kartoffelpüree. Die Balsamicosauce verleiht den Bratwürsten einen angenehm süßlichen Nachgeschmack.

Den Backofen auf 190 °C (Umluft 170 °C, Gas Stufe 3) vorheizen. Die Kartoffeln in der Schale in einem Topf mit kochendem gesalzenem Wasser gar kochen und in einem Durchschlag abtropfen lassen. Unter fließend kaltem Wasser abschrecken und noch warm schälen. Die Kartoffeln längs halbieren und beiseite stellen.

Die roten Zwiebeln längs in Spalten schneiden, dabei darauf achten, dass die Strünke intakt bleiben. Die Zwiebelspalten, die Kartoffelhälften und die Knoblauchzehen in eine Reine geben und mit 6 Esslöffeln des Olivenöls und dem Balsamico beträufeln. Zucker, Salbei und Thymian dazugeben. Im Backofen etwa 30 Minuten braten, bis das Gemüse weich ist und glänzt.

Inzwischen das übrige Öl in einer Bratpfanne erhitzen. Die Schweinsbratwürste in 10 bis 12 Minuten von allen Seiten darin bräunen. Die Würste zu den Zwiebeln und Kartoffeln in die Reine geben. Den Rotwein und die Fleischbrühe dazugießen und 10 bis 15 Minuten im Ofen schmoren. Sofort servieren.

350 g All-Blue-Kartoffeln (schwarze Kartoffeln), ersatzweise Rote Désirée
4 rote Zwiebeln, geschält
12 Knoblauchzehen, ungeschält
8 EL Olivenöl
4 EL Balsamico
2 EL brauner Zucker
1 EL grob gehackter Salbei
1 EL Thymianblätter
450 g frische Schweinsbratwürste
150 ml Rotwein
150 ml Fleischbrühe
Salz und frisch gemahlener schwarzer Pfeffer

my favourite cottage pie

Das Pflanzenöl bis zum Rauchpunkt erhitzen. Das Rinderhack mit Salz und Pfeffer würzen, in die Pfanne geben und in 3 bis 4 Minuten bräunen (am besten braten Sie das Fleisch in zwei Gängen, damit die Pfanne nicht zu viel Hitze verliert und das Hackfleisch zu kochen beginnt). Das angebratene Hackfleisch in einem Durchschlag abtropfen lassen, damit überschüssiges Fett ablaufen kann.

Die Butter in einem Topf zerlassen. Knoblauch, sämtliche Gemüse, Speck und Kräuter hineingeben und in 3 bis 4 Minuten goldgelb dünsten. Rinderhack und Tomatenmark dazugeben und gründlich untermischen. Bei schwacher Hitze 2 bis 3 Minuten dünsten. Das Mehl darüber streuen und weitere 2 bis 3 Minuten kochen. Den Rotwein dazugießen und unter Rühren zum Kochen bringen. Die Fleischbrühe dazugießen und unterrühren. Das Lorbeerblatt und die Orangenschale hinzufügen und die Fleischmischung zugedeckt 1 bis 1 1/2 Stunden bei schwacher Hitze oder im Backofen bei 190 °C (Umluft 170 °C, Gas Stufe 3) schmoren, bis sich eine dicke Sauce um das Fleisch gebildet hat.

Inzwischen die Kartoffeln und Pastinaken getrennt in leicht gesalzenem kochendem Wasser weich kochen. In einem Durchschlag gut abtropfen lassen und getrennt fein zerstampfen. Beide Pürees in einer großen Schüssel mischen und die Eigelbe, Sahne, den Käse und Senf untermischen. Mit Salz und Pfeffer abschmecken.

Das geschmorte Hackfleisch in eine ofenfeste Form umfüllen und abkühlen lassen. Den Backofen auf 190 °C (Umluft 170 °C, Gas Stufe 3) vorheizen. Das Hackfleisch mit dem Kartoffel-Pastinaken-Püree bedecken und 30 bis 35 Minuten backen, bis die Kruste goldbraun ist.

4 EL Pflanzenöl
450 g mageres Rinderhack
50 g Butter
1 Knoblauchzehe, zerdrückt
1 große Möhre, fein gehackt
1 Zwiebel, fein gehackt
1 große Pastinake, fein gehackt
1 große Petersilienwurzel, fein gehackt
150 g durchwachsener Speck, gehackt
Nadeln von 1 Zweig Rosmarin, gehackt
Blätter von 1 Zweig Thymian, gehackt
2 EL Tomatenmark
50 g Mehl
150 ml Rotwein
750 ml heiße Rinderbrühe
1 Lorbeerblatt
Fein geriebene Schale von 1 unbehandelten Orange
Salz und frisch gemahlener schwarzer Pfeffer

Für die Kartoffelkruste:
450 g mehlige Kartoffeln, geschält und in größere Stücke geschnitten
300 g Pastinaken, geschält und in größere Stücke geschnitten
2 Eigelbe
100 g Sahne
4 EL geriebener Cheddar-Käse
1/2 EL Dijonsenf
Salz und frisch gemahlener schwarzer Pfeffer

TIPP

FÜR GEKLÄRTE BUTTER die Butter in einem kleinen Topf langsam erhitzen, bis sie zu kochen beginnt. Etwa 2 Minuten kochen (oder 1 Minute in der Mikrowelle erhitzen). Durch ein spitzes Sieb oder ein mit Musselintuch ausgelegtes Sieb abgießen, so dass die weiße Molke zurückbleibt. Gleich weiter verwenden oder in den Kühlschrank stellen, wo die geklärte Butter mehrere Tage frisch bleibt.

Kartoffel-Kokos-Curry

650 g Neue Kartoffeln, geschält
1 EL Kreuzkümmelsamen (Kumin)
1 TL Bockshornkleesamen
4 EL Ghee oder geklärte Butter (siehe Tipp)
1 Zwiebel, gehackt
8 frische Curryblätter
2 TL schwarze Senfkörner
1 TL Kurkuma (Gelbwurz)
4 EL ungesüßte Kokosflocken
2 rote Chilischoten, die Samen entfernt und klein geschnitten
Salz und frisch gemahlener schwarzer Pfeffer

Die Neuen Kartoffeln in kochendem gesalzenem Wasser 10 Minuten garen, in einem Durchschlag abtropfen lassen und beiseite stellen. In einer Bratpfanne Kreuzkümmel und Bockshornklee etwa 1 Minute ohne Fett rösten und abkühlen lassen. In einem Mörser mit etwas Wasser zu einer Paste zerstoßen oder in einer elektrischen Gewürzmühle zerkleinern. Die Hälfte des Ghees (oder der geklärten Butter) in einem Topf erhitzen und die Zwiebeln darin goldgelb dünsten. Übriges Ghee (oder geklärte Butter) hinzufügen und erhitzen. Die Curryblätter und Senfkörner dazugeben und 30 Sekunden braten. Die Paste dazugeben und 2 bis 3 Minuten kochen. Kartoffeln, Kurkuma, Kokosflocken und Chilischoten dazugeben und das Curry halb mit Wasser bedecken. Zugedeckt bei schwacher Hitze etwa 8 bis 10 Minuten schmoren. Mit lockerem, fein duftendem Basmatireis servieren.

Irish Stew

Einst arbeitete ich mit einem irischen Koch zusammen. Dieser behauptete steif und fest, Kartoffeln seien das einzige Gemüse in einem echten Irish Stew . Da ich Engländer bin, beschloss ich, diesen berühmten Eintopf mit Möhren, Sellerie, Pastinaken und Thymian zuzubereiten.

900 g Lammkoteletts
3 Zwiebeln, in dünne Scheiben geschnitten
2 Möhren, geschält und in Scheiben geschnitten
2 Stangen Staudensellerie, in Scheiben geschnitten
1 Pastinake, in Scheiben geschnitten
1 TL Thymianblätter
2 EL gehackte Petersilie
750 g mehlige Kartoffeln, geschält und in Scheiben geschnitten
600 ml Lammbrühe (oder Rinder- oder Geflügelbrühe)
Salz und frisch gemahlener schwarzer Pfeffer

Einen Teil der Lammkoteletts nebeneinander in einen großen Topf legen. Eine Schicht Möhren, Sellerie und Pastinaken darüber verteilen und leicht salzen und pfeffern. Die Hälfte des Thymians und etwas Petersilie darüber streuen und eine Lage Kartoffeln darüber schichten. Die übrigen Koteletts darüber legen, eine Schicht Gemüse darüber verteilen, übrige Kräuter darüber streuen (etwas Petersilie zum Garnieren beiseite stellen) und den Stew nochmals salzen und pfeffern.

Die Brühe dazugießen und den Eintopf zum Kochen bringen. Zugedeckt 1 1/2 bis 2 Stunden bei schwacher Hitze kochen (oder in den Ofen stellen). Den Stew gelegentlich mit einem Schöpflöffel entfetten. Der Eintopf ist fertig, wenn Fleisch und Gemüse butterweich sind und die Kartoffeln einen Teil der Flüssigkeit aufgesogen haben. Die übrige Petersilie vor dem Servieren darüber streuen.

Lamm-Kartoffel-Hotpot

Ein herzhafter, wohlschmeckender Eintopf mit Lammfleisch. Hotpot, auch Tatti pot genannt, erinnert mich an meine Kindheit, als dieses Gericht regelmäßig auf den Tisch kam. Es stammt ursprünglich aus Lancashire, von wo auch mit die besten Blutwürste Großbritanniens stammen. Servieren Sie Hotpot mit eingemachtem Rotkraut.

8 mittelgroße Lammkoteletts
4 Lammnieren
2 EL Schmalz (oder Pflanzenöl)
2 Blutwürste (ca. 200 g), in 5 mm dicke Scheiben geschnitten
2 Zwiebeln, in Scheiben geschnitten
1 EL Thymianblätter
700 g Ofenkartoffeln, geschält und in dünne Scheiben geschnitten
750 ml heiße Fleischbrühe
25 g Butter
Grobes Salz und frisch gemahlener schwarzer Pfeffer

Den Backofen auf 190 °C (Umluft 170 °C, Gas Stufe 3) vorheizen. Überschüssiges Fett von den Lammkoteletts abschneiden. Bindegewebe, Adern und eventuelle Blutgerinnsel von den Nieren entfernen.

Schmalz oder Öl in einem Topf mit schwerem Boden erhitzen. Die Koteletts hineingeben und von beiden Seiten je 2 bis 3 Minuten bräunen. Aus dem Topf nehmen und beiseite stellen. Die Nieren und die Blutwurst in den heißen Topf geben und kurz von beiden Seiten anbraten, herausnehmen und beiseite stellen.

Die Zwiebeln und die Hälfte des Thymians in den Topf geben und in 4 bis 5 Minuten glasig dünsten. Das Fleisch darauf geben, zuerst das Lamm, dann die Nieren und die Blutwurst. Die Kartoffeln leicht überlappend darüber schichten und mit Salz und Pfeffer würzen. Die übrigen Thymianblätter darüber streuen.

Die heiße Brühe darüber gießen, so dass die Kartoffeln knapp bedeckt sind. Mit etwas Salz und Pfeffer würzen und die Butter in Flocken über die Kartoffeln geben. Den Eintopf zugedeckt für 1 bis 1 1/4 Stunden in den Backofen stellen. Den Deckel abnehmen und weitere 30 Minuten backen, damit die Kartoffeln knusprig und goldbraun werden.

süsskartoffel-Laksa

Eine wirklich sättigende Nudelsuppe aus Indonesien und Malaysia. Laksa kennt zahlreiche Zubereitungen, bei denen Huhn, Fisch oder Garnelen verwendet werden. Dieses Rezept ist vegetarisch. Zwar ist die Liste der Zutaten lang, aber Laksa ist einfach zuzubereiten.

3 EL Erdnussöl oder Pflanzenöl
200 g Tofu, in 1 cm große Würfel geschnitten
1 Zwiebel, fein gehackt
2 Knoblauchzehen, zerdrückt
350 g Süßkartoffeln, geschält und in 1 cm große Würfel geschnitten
25 g Macademianüsse (oder Cashewkerne)
1 TL gemahlener Kreuzkümmel (Kumin)
1 TL gemahlener Koriander
2 kleine rote Chilischoten, die Samen entfernt und fein geschnitten
1/2 TL Blachan (Garnelenpaste)
1 1/2 EL gelber Thai-Curry
300 ml Gemüse- oder Geflügelbrühe
600 ml Kokosmilch
1 EL brauner Zucker
Fein geriebene Schale von 1 unbehandelten Zitrone
250 g flache Reisnudeln
200 g Sojabohnenkeimlinge
4 Frühlingszwiebeln, fein geschnitten
1 EL gehacktes Korianderkraut
1 EL gehackte Minze
Salz und frisch gemahlener schwarzer Pfeffer

1 Esslöffel Öl in einem großen Topf erhitzen. Die Tofuwürfel hineingeben und goldbraun und knusprig braten. Aus dem Topf nehmen und beiseite stellen.

Das übrige Öl in demselben Topf erhitzen. Die Zwiebel und den Knoblauch dazugeben und bei mittlerer Hitze weich dünsten. Die Süßkartoffeln hinzufügen und mit den Zwiebeln und dem Knoblauch vermischen. Die Macademianüsse, Kreuzkümmel, Koriander, die Hälfte der Chilischoten und die Garnelenpaste dazugeben und 2 Minuten kochen. Die Currypaste hinzufügen und 5 Minuten kochen, damit sich der strenge Geruch verflüchtigt. Die Brühe dazugießen und zum Kochen bringen. Die Kokosmilch, den Zucker und die Zitronenschale dazugeben, die Hitze reduzieren und 10 Minuten bei schwacher Hitze kochen.

Die Reisnudeln 5 Minuten in leicht gesalzenem Wasser kochen. In einem Durchschlag abtropfen lassen. Die Nudeln auf vier tiefe Suppentassen verteilen und die gebratenen Tofuwürfel darüber verteilen. Die Sojabohnenkeimlinge in die kochend heiße Suppe geben und die Suppe mit Salz und Pfeffer abschmecken. Die Suppe über die Nudeln schöpfen. Die Frühlingszwiebeln, das Korianderkraut und die übrigen Chilischoten darüber streuen und servieren.

Hier einige meiner Lieblingssaucen für gekochte oder gedämpfte Kartoffeln. Die Kartoffeln mit ihrer jeweiligen Sauce eignen sich auch als Beilage zu Braten oder Fisch. Aufgrund ihres intensiven Aromas können Sie sie aber auch als eigenständiges Gericht oder Zwischengang servieren.

so geht's saucen zu pellkartoffeln

camembert-fondue

1 Knoblauchzehe, zerdrückt

200 g reifer Camembert, die Rinde entfernt

2 EL Crème fraîche

1 EL Kirschwasser

2 EL geschnittener Schnittlauch (nach Geschmack)

Die Innenseite eines kleinen Topfes mit der Knoblauchzehe einreiben. Den Camembert und die Crème fraîche in den Topf geben und langsam erhitzen. Das Kirschwasser und nach Geschmack den Schnittlauch untermischen und über heiße Kartoffeln gießen.

ofenkartoffel-buttermilch-kräuterdressing

1 große Ofenkartoffel

1 EL Dijonsenf

1 Knoblauchzehe, zerdrückt

1 EL Olivenöl

3 EL Weißweinessig

Buttermilch

3 EL gehackte Kräuter, wie Schnittlauch, Basilikum, Petersilie und Estragon

1 Prise Zucker

Salz und frisch gemahlener schwarzer Pfeffer

Die Kartoffel weich backen (Rezept Seite 70). Längs halbieren, das Fruchtfleisch herauslöffeln und in einen Mixer geben. Mit dem Senf, Knoblauch, Öl, Essig und so viel Buttermilch pürieren, bis das Dressing eine glatte, flüssiger Sahne ähnliche, Konsistenz erhält. In eine Schüssel gießen und die Kräuter und eine gute Prise Zucker untermischen. Mit Salz und Pfeffer abschmecken, über heiße Kartoffeln gießen und servieren.

schalotten-senf-soubise

15 g Butter

6 Schalotten, fein gehackt

5 EL trockener Weißwein

150 ml Geflügelbrühe

100 g Sahne

2 EL gehackte Petersilie

1 EL grobkörniger Senf (Moutarde de Meaux)

Salz und frisch gemahlener schwarzer Pfeffer

Die Butter in einem kleinen Topf erhitzen. Die Schalotten 5 bis 8 Minuten darin anschwitzen, bis sie weich sind, aber noch keine Farbe genommen haben. Den Wein dazugießen und einkochen, bis er vollständig verdampft ist. Die Geflügelbrühe dazugießen und einkochen, bis sie um die Hälfte reduziert ist. Die Sauce in einen Mixer oder eine Küchenmaschine umfüllen und fein pürieren. Zurück in den Topf füllen und langsam erhitzen. Die Petersilie und den Senf unterrühren. Mit Salz und Pfeffer abschmecken, über heiße Kartoffeln gießen und servieren.

tipp

SENF IMMER IM LETZTEN MOMENT zugeben und möglichst nur erhitzen und nicht mehr kochen, sonst wird er bitter.

weitere saucen zu pellkartoffeln

saure sahne, kapern und brunnenkresse

2 Bund Brunnenkresse

4 EL Saure Sahne

1 EL kleine Kapern, gewässert und abgetropft

1 TL fein geriebene Zitronenschale

Salz und frisch gemahlener schwarzer Pfeffer

Die Blätter der Brunnenkresse von den Stielen zupfen und hacken. Die gehackte Kresse mit der Sauren Sahne und den Kapern vermischen und das Dressing mit Salz und Pfeffer abschmecken. Über heiße Salz- oder Pellkartoffeln löffeln und mit der geriebenen Zitronenschale bestreuen.

safran-gribiche-sauce

1 TL Dijonsenf

1 EL Weißweinessig

100 ml Olivenöl

1 Msp. Safranfäden, in 2 EL heißem Wasser eingeweicht

1 EL Zitronensauce

2 Schalotten, fein gehackt

2 EL kleine Kapern, gewässert und abgetropft

2 Eier, hart gekocht und grob gehackt

1 EL gehackte Petersilie

Salz und frisch gemahlener schwarzer Pfeffer

Senf, Essig und Öl verrühren. Die Safranflüssigkeit mit Zitronensaft, Schalotten, Kapern, den hart gekochten Eiern und der Petersilie vermischen. Die Sauce mit Salz und Pfeffer abschmecken und über heiße Kartoffeln gießen.

ocopa

Diese peruanische Sauce, deren Name auf die Inkas zurückgeht, ist eine Spezialität aus Lima. Das Rezept erhielt ich von einem peruanischen Freund, der heute in London lebt. Normalerweise wird es als Amuse-Gueule gereicht.

125 g Quinoa

4 EL Olivenöl

1 Zwiebel, fein gehackt

1 Jalapeño-Chili, gehackt

2 Knoblauchzehen, zerdrückt

1 TL gemahlener Kreuzkümmel (Kumin)

2 EL milde Sojasauce

75 g reifer Cheddar oder Emmentaler, gerieben

2 EL gehackte Petersilie

200 ml Vollmilch

Grüne Oliven und hart gekochte Eier, in Scheiben geschnitten, zum Garnieren

Salz und frisch gemahlener schwarzer Pfeffer

Eine Bratpfanne erhitzen. Das Quinoa-Getreide hineingeben und ohne Fett 1 bis 2 Minuten rösten. So viel Wasser dazugießen, dass das Getreide gerade bedeckt ist. Zum Kochen bringen, die Hitze reduzieren und 10 bis 15 Minuten kochen, bis das Getreide weich ist und alle Flüssigkeit absorbiert hat.

Inzwischen die Hälfte des Öls in einer weiteren Pfanne erhitzen und die Zwiebeln in 8 bis 10 Minuten darin weich dünsten. Die Hälfte des Chilis, den Knoblauch, Kreuzkümmel und die Sojasauce dazugeben und mit Salz und Pfeffer würzen. Bei schwacher Hitze einige Minuten kochen lassen, vom Herd nehmen und abkühlen lassen.

Die Zwiebelmischung in einen Mixer oder eine Küchenmaschine umfüllen und mit den übrigen Chilischoten, Öl, Käse, Petersilie, Quinoa und Milch zu einer Paste pürieren. Die Sauce über heiße Kartoffeln gießen und mit grünen Oliven und Scheiben von hart gekochten Eiern garnieren.

Jersey Royals mit Butter und Minze

Ein Musterbeispiel für den hohen Wert der Einfachheit. Jersey Royals gehören zu den schmackhaftesten Kartoffeln überhaupt. Bis vor kurzem hatte ich mit dem Good Food Festival zu tun, das jedes Jahr im April und Mai auf Jersey stattfindet. Zu jener Zeit also, in der die ersten Jersey-Royal-Kartoffeln reif sind. Sie werden ausschließlich in Jersey angebaut, da der Anbau woanders kurioserweise keine nennenswerten Erfolge zeigte. Es gibt nichts, was sich mit dem feinen, leicht süßlichen Geschmack und der cremigen Konsistenz von Jersey Royals messen könnte. Fast könnte man meinen, die Butter würde bereits in ihnen wachsen. Am besten schmecken sie gekocht oder gedämpft mit einer Butterflocke und etwas Minze.

1 kg Jersey Royal, gewaschen und gebürstet
Eine kleine Hand voll Minze
75 g Butter
Salz und frisch gemahlener schwarzer Pfeffer

Einen Topf mit gesalzenem Wasser zum Kochen bringen. Die Minzeblätter von den Stielen zupfen und die Stiele in den Topf mit den Kartoffeln geben. 10 bis 20 Minuten bei schwacher Hitze kochen, bis die Kartoffeln weich sind.

Inzwischen die Minzeblätter hacken und mit der Butter in einer Schüssel gründlich vermischen. Die Kartoffeln in einem Durchschlag abtropfen lassen. In eine Servierschüssel umfüllen und mit Salz und Pfeffer würzen. Mit der Minzebutter servieren.

Salmorretasauce

Man kann die Sauce fein pürieren oder ihre Ingredienzen im Mörser nur grob zerstoßen.

350 g reife, aber feste Eiertomaten, in Hälften geschnitten
1/2 TL rote Chiliflocken
2 Knoblauchzehen, zerdrückt
1 EL gehackte Petersilie
1 EL gehackter Estragon
1 rote Zwiebel, fein gehackt
100 ml Olivenöl
2 EL Weißweinessig
1 Prise Zucker
Salz und frisch gemahlener Pfeffer

Die Tomaten nebeneinander auf ein Backblech legen. Von jeder Seite je 3 bis 4 Minuten auf der Grillstufe des Ofens grillen, bis die Haut leicht verkohlt ist. Die Haut vorsichtig abziehen und die Samen entfernen.

Chiliflocken, Knoblauch, Petersilie und Estragon in einem Mörser zerstoßen. Zwiebeln und Tomaten dazugeben und zerstoßen. So viel Olivenöl dazugeben, bis eine Paste mit pesto-ähnlicher Konsistenz entsteht. Essig und Zucker dazugeben, mit Salz und Pfeffer abschmecken und über heiße Kartoffeln löffeln.

Chili-Mandel-Dressing

1 Knoblauchzehe, zerdrückt
40 g ganze blanchierte Mandeln
1/4 TL Cayennepfeffer
1/4 TL Chilipulver oder Rosenpaprika
1 EL Sherryessig
4 EL Olivenöl
1 EL gehackte Petersilie
1 EL gehackter Oregano
Salz

Knoblauch und Mandeln in einer Küchenmaschine zu einer festen Paste verarbeiten. Mit etwas Kraft kann man die Zutaten auch in einem Mörser zerstoßen. In eine Schüssel umfüllen und Cayennepfeffer und Chilipulver untermischen. Essig, Olivenöl und Kräuter untermengen und mit etwas Salz abschmecken. Über heiße Kartoffeln gießen.

KARTOFFELN SIND derart vielseitig einsetzbar, dass man sie sogar für Pudding verwenden kann. Sie machen Desserts locker, leicht und saftig und können einen Teil des für gedämpfte oder gebackene Puddings, Feingebäck und Kuchen verwendeten Mehls ersetzen. Süßkartoffeln mit orangefarbenem Fruchtfleisch eignen sich aufgrund ihres honigartigen, an Karamell erinnernden Geschmacks ganz besonders für Süßspeisen. Sie sollten sie nicht durch Sorten mit hellem Fruchtfleisch ersetzen, deren Geschmack und Konsistenz sind ganz anders.

Dieses Kapitel enthält lediglich ein paar Anregungen für Kartoffelpuddings, zeigt aber durchaus ihre Vielseitigkeit auf. Bei der Orangenmarmeladen-Tarte (Seite 164) wird der Mürbeteig mit etwas Kartoffelpüree zubereitet, wodurch er eine leichte und weiche Konsistenz erhält. Gefüllte Mandelcrêpes mit Pfirsichbrand-Sabayon (Seite 173) enthalten ebenfalls Kartoffeln, und die Crêpes sind schön dünn und sehr delikat. Andere Rezepte wie der Kubanische Brotpudding (Seite 166) werden mit Kartoffelbrot zubereitet. Man kann auch normales Brot verwenden, mit Kartoffelbrot jedoch erhalten die Puddings einen ganz besonders feinen Geschmack.

süße anregungen

Orangenmarmeladen-Tarte

Diese reichhaltige und süße Tarte erinnert mich an meine Schulzeit.

100 g Mehl
1 Msp. Backpulver
1 Prise Salz
50 g fein zerstampfte oder durch eine Kartoffelpresse gedrückte Kartoffeln (ohne Milch, Butter oder Sahne)
75 g Butter, in kleine Stücke geschnitten

Für die Füllung:
300 g Orangenmarmelade mit Stücken
50 g Butter
Saft und fein abgeriebene Schale von 1 unbehandelten Zitrone
$1/2$ TL Vanilleextrakt oder $1/2$ Vanilleschote längs halbiert und das Mark herausgekratzt
2 Eier

Für den Mürbeteig das Mehl und das Salz in eine Schüssel sieben und die fein zerstampften Kartoffeln dazugeben. Mehl und Kartoffeln mit der Butter fein zermürben. Alles zu einem Teig verarbeiten und gegebenenfalls etwas Wasser hinzufügen. Den Teig in Klarsichtfolie einschlagen und etwa 1 Stunde kalt stellen.

Den Backofen auf 200 °C (Umluft 180 °C, Gas Stufe 3–4) vorheizen. Den Teig auf einer bemehlten Arbeitsfläche ausrollen. Eine leicht gefettete, flache Tarteform (Ø 20 bis 23 cm) mit dem Teig auslegen und über den Rand hinausragenden Teig sauber abtrennen. Die Orangenmarmelade mit der Butter in einen Topf geben und langsam erhitzen, bis die Butter geschmolzen ist. Das Vanillextrakt oder -mark, Zitronenschale und -saft untermischen. Die Eier in einer Schüssel leicht schlagen. Die warme Orangenmarmelade hineingießen und mit den anderen Zutaten gründlich vermischen. Die Marmelade-Ei-Masse in die mit dem Teig ausgelegte Form geben und die Tarte etwa 20 bis 25 Minuten backen. Aus dem Ofen nehmen und abkühlen lassen. Der Orangenbelag wird durch das Abkühlen langsam fest.

Süsskartoffel-Apfel-Clafoutis

Ein einfaches, sättigendes und ungewöhnliches Dessert, ideal für einen kalten Winterabend. Am liebsten mag ich es mit einer Kugel Vanilleeis.

300 g Süßkartoffeln mit orangefarbenem Fleisch
25 g Butter
50 g Zucker
300 g Granny-Smith-Äpfel, geschält, entkernt und in dicke Spalten geschnitten
4 EL Calvados
Puderzucker zum Bestäuben

Für den Rührteig:
4 Eier, leicht geschlagen
50 g Zucker
25 g Mehl
1 Prise Salz
120 ml Vollmilch
150 g Sahne
2 Tropfen Vanilleextrakt oder 1/2 Vanilleschote, längs halbiert und das Mark herausgekratzt
4 EL Calvados

Die Süßkartoffeln in einen Topf füllen, mit kaltem Wasser bedecken und zum Kochen bringen. Die Hitze reduzieren und knapp gar kochen. In einem Durchschlag abtropfen und abkühlen lassen. Sobald die Kartoffeln nicht mehr zu heiß sind, schälen und in 1 cm große Würfel schneiden.

Den Backofen auf 190 °C (Umluft 170 °C, Gas Stufe 3) vorheizen. Die Butter in einer großen Pfanne zerlassen, den Zucker hineinstreuen und bei mittlerer Hitze leicht karamellisieren lassen. Die Apfelspalten und Süßkartoffelwürfel hineingeben und dünsten, bis sie leicht Farbe genommen haben und mit Karamell überzogen sind. Den Calvados dazugießen, einige Sekunden erhitzen und mit einem Streichholz entzünden. Dabei Abstand halten! Sobald die Flammen erloschen sind, die Apfelspalten und Süßkartoffelwürfel mit einem Schaumlöffel in eine leicht gefettete, ofenfeste Form (ca. 23 x 15 cm) umfüllen und gleichmäßig verteilen.

Für den Teig die Eier und den Zucker in eine Schüssel geben und mit einem Schneebesen schaumig schlagen. Das Mehl hineinsieben, eine kleine Prise Salz dazugeben und unterheben, bis die Eimasse glatt ist. Milch, Sahne und Vanille in einen Topf geben und zum Kochen bringen. Unter ständigem Schlagen unter die Eimasse rühren, bis der Teig glatt ist. Den Calvados untermischen und den Rührteig über die Äpfel und Süßkartoffeln gießen. 20 bis 25 Minuten backen, bis der Teig fest geworden ist. Aus dem Ofen nehmen und leicht abkühlen lassen. Mit Puderzucker bestreuen und warm servieren.

Kubanischer Brotpudding mit Bananen und Rum-Karamell

Ein durch die kubanische Küche inspirierter Pudding, dessen ursprüngliches Rezept ich etwas abgeändert habe, damit es leichter wird. Er wird mit Kokosmilch, Vanille, Zimt und Muskatnuss gewürzt und mit Bananen und einem Rum-Karamell garniert. Reichen Sie geschlagene oder flüssige Sahne dazu, wenn Sie – wie ich – nicht allzu sehr auf die Kalorien schauen.

5 Scheiben Kartoffelbrot (Rezept Seite 110), in 1 cm große Würfel geschnitten
15 g Sultaninen, 30 Minuten in heißem Wasser eingeweicht und abgetropft
150 g Sahne
350 ml ungesüßte Kokosmilch
1 kleine Msp. Safranfäden
1/4 TL gemahlener Zimt
1 Msp. frisch gemahlene Muskatnuss
2 Tropfen Mandelaroma
1/2 Vanilleschote
3 große Eier
125 g Zucker
2 kleine, reife Bananen

Für den Rum-Karamell:
100 g Zucker
4 EL brauner Rum

Den Backofen auf 160 °C (Umluft 140 °C, Gas Stufe 1–2) vorheizen. Vier kleine Portionsformen (Inhalt ca. 175 ml) leicht buttern. Die Brotwürfel auf die Förmchen verteilen und die Sultaninen darüber streuen.

Kokosmilch, Sahne, Gewürze und Mandelaroma in einen Topf füllen. Die Vanilleschote längs halbieren, das Mark herauskratzen und mit der Schote in den Topf geben. Langsam erhitzen und zum Kochen bringen. Inzwischen die Eier und den Zucker in einer Schüssel schaumig schlagen. Die Vanilleschote aus dem Topf nehmen und die Sahnemischung nach und nach unter ständigem Rühren unter die Eimasse heben. Die Sahne-Eimasse auf die Förmchen verteilen und diese 30 Minuten stehen lassen. Die Förmchen in eine Reine stellen. Diese mit so viel Wasser auffüllen, dass die Förmchen bis zur Hälfte im Wasser stehen. 20 bis 25 Minuten im Ofen backen, bis der Pudding fest geworden ist. Aus dem Ofen nehmen und etwas abkühlen lassen.

Für den Rum-Karamell den Zucker gleichmäßig auf dem Boden eines Topfes mit schwerem Boden verteilen und bei mittlerer Hitze schmelzen. Dabei gelegentlich rühren, damit der Zucker gleichmäßig schmilzt. Die Hitze erhöhen und den Zucker zu einem bernsteinfarbenen Karamell kochen. Vom Herd nehmen, etwas abkühlen lassen und den Rum unterrühren.

Die Puddings aus den Förmchen stürzen und auf Dessertteller verteilen. Die Bananen schälen und in 5 mm dicke Scheiben schneiden. Die Puddings mit den Bananenscheiben garnieren und den Rum-Karamell darüber gießen.

mokka-süsskartoffel-tarte

tipp

FÜR DIESES REZEPT benötigen Sie etwa die Hälfte der angegebenen Teigmenge. Den Rest können Sie gut einfrieren.

Der Belag für diese Tarte ist weich und cremig und wird mit Espresso und Orangenschale parfümiert. Schokoladensauce passt sehr gut dazu.

250 g Süßkartoffeln mit orangefarbenem Fruchtfleisch
300 g Sahne
150 ml Milch
Saft und fein abgeriebene Schale von 1 unbehandelten Orange
50 g Zucker
100 ml Espresso
2 Eier
4 Eigelbe

Für den Teig:
350 g Mehl
225 g Butter (Zimmertemperatur), in kleine Stücke geschnitten
1 Msp. Salz
100 g Puderzucker, gesiebt
Fein abgeriebene Schale von 1/2 unbehandelten Zitrone
1 Ei, leicht geschlagen

Für den Teig das Mehl auf eine Arbeitsfläche sieben und eine Mulde in die Mitte drücken. Butter, Salz, Zucker und Zitronenschale in die Mulde geben und das Ei hinzufügen. Mit den Fingerspitzen das Mehl nach und nach in die Mitte arbeiten, dabei alle Zutaten gut miteinander vermischen. Zu einem Teig formen und den Teig etwa 1 Minute kneten, bis er glatt ist. Zu einer Kugel formen, in Klarsichtfolie einschlagen und 2 Stunden kalt stellen.

Den Backofen auf 180 °C (Umluft 160 °C, Gas Stufe 2–3) vorheizen. Den Teig ausrollen und eine tiefe Tarteform (Ø ca. 20 cm) damit auslegen. Über die Ränder ragenden Teig sauber abtrennen. Den Teig mit Backpapier belegen und mit getrockneten Hülsenfrüchten beschweren. 8 bis 10 Minuten backen. Papier und Hülsenfrüchte herunternehmen und den Teig weitere 5 Minuten backen. Den Tarteboden herausnehmen und abkühlen lassen. Den Backofen angeschaltet lassen.

Für die Füllung die Süßkartoffeln in einen Topf füllen, mit Wasser bedecken und zum Kochen bringen. Die Hitze reduzieren und die Süßkartoffeln gar kochen. In einem Durchschlag abtropfen und etwas abkühlen lassen. Noch warm schälen, in einer Küchenmaschine pürieren oder durch ein Sieb streichen. Beiseite stellen.

Sahne, Milch, Orangenschale und -saft und die Hälfte des Zuckers in einen Topf füllen und zum Kochen bringen. Den Espresso unterrühren. Den Topf vom Herd nehmen und den Inhalt etwas abkühlen lassen. Eier und Eigelbe mit übrigem Zucker schaumig schlagen und die Kaffeemilch nach und nach unter ständigem Schlagen in die Eimasse rühren. Das Süßkartoffelpüree unterrühren und den Belag auf dem Tarteboden verteilen. Etwa 40 Minuten backen, bis der Belag vollständig fest geworden ist. Etwas abkühlen lassen und die Tarte aus der Form nehmen. Warm oder kalt servieren.

Karamellisierte arme Ritter mit Pfirsichkonfitüre

Mit Schlagsahne oder einer großen Kugel Vanilleeis ein Gedicht!

1 Vanilleschote
250 ml Vollmilch
1 TL Zimtpulver
2 Eier
Saft und fein abgeriebene Schale von 1 unbehandelten Orange
100 g Zucker
4 Scheiben Kartoffelbrot (Rezept Seite 110), 2,5 cm dick geschnitten
40 g Butter
1 EL brauner Zucker
2 Granny-Smith-Äpfel, geschält, entkernt und halbiert
100 ml trockener Weißwein
4 EL Pfirsichkonfitüre
Puderzucker zum Bestäuben

Die Vanilleschote längs aufschlitzen und das Mark herauskratzen. Mit der Milch und dem Zimt in einen Topf umfüllen und zum Kochen bringen. Die Milch in eine flache Form gießen und abkühlen lassen. Eier, Orangenschale und Zucker hinzufügen und glatt rühren. Das geschnittene Brot 1 Minute in die Eiermilch geben und darin wenden. Herausnehmen und abtropfen lassen.

Etwas mehr als die Hälfte der Butter in einer großen Bratpfanne erhitzen. Die mit der Eiermilch vollgesogenen Brotscheiben von beiden Seiten je 2 Minuten braten, bis sie goldbraun sind. Aus der Pfanne nehmen und warm stellen. Den braunen Zucker mit der übrigen Butter in die Pfanne geben und unter ständigem Rühren etwa 2 Minuten kochen, bis sich ein heller Karamell bildet. Die Apfelhälften hineingeben und von beiden Seiten je 2 bis 3 Minuten braten, bis sie weich sind und Farbe genommen haben. Mit dem Wein ablöschen und die Äpfel etwa 30 Sekunden kräftig kochen. Die Pfanne vom Herd nehmen.

Die vier armen Ritter auf Desserttellern anrichten. Etwas Pfirsichkonfitüre auf jede Scheibe löffeln und mit den karamellisierten Apfelhälften garnieren. Mit Puderzucker bestäuben und sofort servieren.

frittierte gefüllte aprikosen

Eine sehr ungewöhnliche Art, meine Lieblingsfrüchte zuzubereiten. Für dieses Dessert kann man auch übrig gebliebenes Kartoffelbrot verwenden, vorausgesetzt, es ist überhaupt noch etwas davon da!

12 reife Aprikosen
Fein abgeriebene Schale von ½ unbehandelten Orange
100 g griechischer Joghurt
125 g frische Brotkrumen aus Kartoffelbrot (Rezept Seite 110)
50 g gemahlene Mandeln
2 Eier, leicht geschlagen
Pflanzenöl zum Frittieren

Für die Füllung:
12 frische Datteln, entsteint und grob gehackt
4 EL gemahlene Mandeln
Saft von 1/4 Zitrone
Fein abgeriebene Schale von 1 unbehandelten Orange
½ TL Zimtpulver
1 EL Orangenblütenwasser (nach Belieben)
2 EL brauner Rum

Die Aprikosen 1 Minute in kochendem Wasser blanchieren. In einem Durchschlag gut abtropfen lassen und die Haut behutsam abziehen. Die Früchte an einer Seite bis zum Stein einschneiden und den Stein vorsichtig herauslösen, ohne dabei das Fruchtfleisch zu verletzen. Alle Zutaten für die Füllung in einer Schüssel miteinander vermischen, die Aprikosen damit füllen und zudrücken.

Die Orangenschale mit dem griechischen Joghurt verrühren und bis zur weiteren Verwendung kalt stellen.

Die Brotkrumen und gemahlenen Mandeln miteinander vermischen. Die gefüllten Aprikosen durch das Ei ziehen und in der Panade wenden. Darauf achten, dass die Früchte vollständig mit Brotkrumen bedeckt sind.

Ausreichend Pflanzenöl in einer Fritteuse auf 180 °C erhitzen und die Aprikosen in etwa 2 Minuten in dem heißen Fett goldbraun frittieren. Die Früchte steigen während des Frittierens an die Oberfläche, deshalb die Aprikosen öfter untertauchen, damit sie gleichmäßig bräunen. Auf Küchenkrepp abtropfen lassen und sofort mit dem mit Orange parfümierten Joghurt servieren.

Gedämpfter Zitronen-Aprikosen-Pudding

Ein fantastischer wärmender Winterpudding, randvoll mit getrockneten Aprikosen und übergossen mit heißer Aprikosenkonfitüre. Durch die geriebenen Kartoffeln bleibt er schön feucht. Er enthält erstaunlich wenig Fett, außer man serviert ihn mit Schlagsahne und großen Mengen Vanillesauce, wie ich das mache.

50 g Mehl
1 Msp. Backpulver
50 g Butter, zerlassen
25 g Zucker
1 EL Zuckerrübensirup
100 g weiche weiße Brotkrumen (Tipp Seite 86)
100 g geriebene rohe Kartoffeln
Fein abgeriebene Schale von 1/2 unbehandelten Zitrone
100 ml Vollmilch
75 g getrocknete Aprikosen, gehackt
175 g Aprikosenkonfitüre

Das Mehl in eine Schüssel sieben. Die zerlassene Butter dazugeben und alle restlichen Zutaten außer der Aprikosenkonfitüre hinzufügen. Die Puddingmasse in eine gefettete große Puddingform (Inhalt ca. 900 ml) füllen. Die Form mit Backpapier oder gefetteter Alufolie zudecken und die Bedeckung mit Küchenschnur fixieren. Die Puddingform so in einen großen, mit etwas Wasser gefüllten Dämpfer oder Topf stellen, dass sie bis zur Hälfte im Wasser steht. Zugedeckt 1 1/4 bis 1 1/2 Stunden dämpfen. Wenn nötig, während des Garens kochendes Wasser nachgießen.

Die Form aus dem Topf nehmen und ein paar Minuten abkühlen lassen. Das Papier oder die Folie abnehmen und mit einem Messer am inneren Rand der Form rund herum entlang fahren, um den Pudding zu lösen. Den Pudding auf eine Servierplatte stürzen. Die Konfitüre mit 100 Milliliter Wasser erhitzen und durch ein Sieb drücken. Über den Pudding gießen und sofort servieren.

Gefüllte Mandelcrêpes mit Pfirsichbrand-Sabayon vor dem Überbacken

Gefüllte Mandelcrêpes mit Pfirsichbrand-Sabayon

Crêpes kann man auch aus Kartoffeln, Mehl und Eiern herstellen. Sie erinnern vielleicht ein wenig an Reibekuchen, sind aber viel dünner und feiner.

2 Eigelbe
1 EL Puderzucker und etwas mehr zum Bestäuben
75 g gemahlene Mandeln
1/4 TL Zimtpulver
2 Eiweiße
2 EL Zucker
15 g Butter
2 reife, aber feste Nektarinen, entsteint und dünn geschnitten

Für den Crêpeteig:
250 g mehlige Kartoffeln, geschält und in größere Stücke geschnitten
4 Eier
125 g Mehl
1 EL Zucker
250 ml Milch
25 g geklärte Butter (Tipp Seite 153)

Für die Sauce:
3 Eigelbe
75 g Zucker
100 ml trockener Sekt oder Champagner
4 EL Pfirsichbrand
100 g Sahne, halb steif geschlagen

Für die Crêpes die Kartoffeln in einen Topf füllen, mit kaltem Wasser bedecken, leicht salzen und zum Kochen bringen. Die Hitze reduzieren und weich kochen. Gut abtropfen lassen, durch eine Kartoffelpresse drücken und abkühlen lassen. Die Eier untermischen, das Mehl darüber sieben, den Zucker dazugeben und alles gut vermischen. Nach und nach so viel Milch dazugießen, bis ein glatter, dünner Teig entsteht.

Etwas geklärte Butter in einer großen beschichteten Pfanne erhitzen. Etwas Teig hineingießen und acht dünne, große Crêpes backen.

Für die Füllung die Eigelbe und den Puderzucker schaumig schlagen. Mandeln und Zimt dazugeben. In einer weiteren Schüssel die Eiweiße steif schlagen, dabei den Zucker nach und nach einrieseln lassen. Den Eischnee unter die Eimasse heben. Die Füllung auf den Crêpes verteilen und diese zusammenrollen. Die Crêpes paarweise auf ein gebuttertes Blech legen, dazwischen ausreichend Abstand lassen.

Den Backofen auf 180 °C (Umluft 160 °C, Gas Stufe 2–3) vorheizen. Für das Sabayon Eigelbe, Zucker, Sekt oder Champagner sowie den Pfirsichbrand in einer großen Schüssel verrühren. Die Schüssel auf einen Topf mit leicht siedendem Wasser setzen, dabei darauf achten, dass der Boden der Schüssel das Wasser nicht berührt. Das Sabayon mit einem elektrischen Rührgerät aufschlagen, bis es luftig und locker wird und das etwa Vierfache seines Volumens erreicht hat.

Das Sabayon über die Crêpes gießen und 5 Minuten backen. Die Butter in einer Pfanne erhitzen, Zucker dazugeben und leicht karamellisieren lassen. Die Nektarinenscheiben hineingeben und kurz dünsten. Die Crêpes auf vier Dessertteller verteilen, mit den Nektarinen garnieren. Mit Puderzucker bestäubt servieren.

Register

Danksagung

Ich danke folgenden Personen für ihre Unterstützung, ohne die dieses Buch nicht möglich gewesen wäre:

Allen voran Kyle Cathie, besonders Kyle und Sheila Boniface für ihre Hilfe und ihren Rat,

Jane Middleton für eine weitere fantastische redaktionelle Bearbeitung meiner Rezepte,

Linda Tubby und Gus Filgate, Food-Stylist und Fotograf, die sich als Team unglaublich gut ergänzt haben – danke,

Penny Markham für ihre wundervollen Empfehlungen, nochmals,

Heidi Baker für die fantastische Buchgestaltung,

meiner Frau Anita und meiner Tochter Lauren für ihre Hilfe und PC-Kenntnisse bei der Anfangskonzeption des Buches,

Eddie aus Laxeiro für die Inspirationen, die ich durch seine spanischen Rezepte erhielt,

Alan Wilson, Autor von *The Story of the Potato*, dessen Hilfe bei meinen detaillierten Recherchen unschätzbar wertvoll waren,

Fiona, Linda und Honey von Limelight für ihre unermüdliche Unterstützung und Freundschaft,

Allen von Chef's Connection, Gemüselieferanten, dafür, dass sie so außergewöhnlich gute Kartoffeln und andere gute Ware geliefert haben,

Geoffrey Gelardi und meinem Team im Lanesborough für ihre stete Unterstützung und Ermunterung während der Entstehung dieses Buches.